施設心理士という仕事

児童養護施設と児童虐待への
心理的アプローチ

加藤尚子
［編著］

ミネルヴァ書房

はじめに

　本書は，児童養護施設で働く施設心理士の仕事について述べたものである。本書のねらいは2つある。1つは，日本における心理臨床家の実践領域としては比較的新しい，児童養護施設という場での心理臨床活動について，できるだけ具体的に伝えることである。そして，2つ目は，児童養護施設という場で虐待を受けた子どもの心理支援にどのように取り組んでいるかを示すことである。執筆したのは，すべて児童養護施設の第一線での仕事を経験した施設心理士である。私たちは，制度として児童養護施設に心理職が導入されたごく初期から施設心理士として働き出し，幸い同じような仲間を得て，ともに学び，支え合いながら仕事をすることができた。しかしながら，私たちのような幸運な施設心理士ばかりではない。全国には，現在も手探りをしつつ施設心理士として仕事をし，あるいはどのように施設心理士を活用していこうか検討している施設も多くあることだろう。そのような施設心理士や児童養護施設にとって，施設心理士の仕事内容や働き方と施設のなかでの役割，そして必要となる知識と技術の一端を知ることは，実践の参考になるのではないかと考えた。いわゆる「学術書」とは少々趣が異なるが，本書によって，虐待を受けた子どもが多く暮らしている児童養護施設で働く施設心理士や職員らを支援し，そうした援助者支援をとおして児童養護施設で暮らす子どもたちの間接的な支援に貢献できたら幸いである。

　本書は全5章からなっている。第1章では，児童養護施設と施設心理士の現状について基本的な背景を紹介する。第2章では，実際の施設心理士の仕事の様子や，どのような経緯で施設心理士になっ

たのか，仕事をしていくうえでの困難はどのようなことかなど，生(なま)の施設心理士の姿を伝えたいと思う。とくに，これから新しく施設心理士として働き始めようとする人や，施設心理士を採用しようとする施設にとって，その働き方をイメージするのに役立つだろう。

第3章・第4章では，児童養護施設における心理支援について，実際にどのようなことを行っているのかと同時に，重要と思われる理論について紹介する。紙面の都合もあり，理論的な部分は本書では概略のみにとどめている。その点については，章末に「引用・参考文献」を多く掲載したので，さらなる学びに役立てていただきたい。

第5章では，実際の心理支援／心理療法の事例を示した。しかしながら，児童養護施設で暮らす子どもの事例について，それを公表することには，通常の心理臨床の事例研究に求められる倫理的配慮以上の，さまざまな方面における複雑な問題が横たわっている。そのため，掲載した事例はすべて，執筆者が実践のなかから感じとったエッセンスをもとに創作した事例であり，フィクションであることを，あらかじめお断りしておく。児童養護施設における心理支援の様子をわかりやすく理解していただくためにこの章を起こしたが，そのような創作事例を示すことに意味があるのか，という指摘もあると思われる。しかしながら，施設臨床のわかりやすさやイメージを伝えることが大切であると考えた。

　児童養護施設で働く心理職についての呼び名は，まだ一定していない。正しくは，「心理療法担当職員」であるが，本書を読んでいただければわかるように，「施設心理士」の仕事は心理療法だけではない。むしろ，それ以外の働きなくしては，心理療法も成り立たないといっていいだろう。施設で働く心理職特有の視点や働き方があると思われ，そうしたことから本書では，「施設心理士」という

名称を用いていきたいと思う。

　また，児童養護施設で働く職員についても，レジデンシャルワーカー（RW）と呼びたい。一般的には，ケアワーカーと呼ばれることが多いが，一部の英語圏では，ケアワーカーという呼称は，専門性の低い介護職員のことを指す。しかしながら，実際の児童養護施設の職員は，生活のなかでのかかわりをとおして子どもの心を受けとめ，傷を癒し，その子どもとの関係を軸にしながら，離れて暮らしている家族や，地域，学校，子どもの支援にともにあたる児童相談所や医療機関などの人と組織との間で，子どもの育ちを促し支える環境をつくるためのさまざまな関係調整を図っている。施設心理士の専門性も，すぐれたレジデンシャルワーカーの存在と相補的に働き合ってこそ，初めて活かされる。レジデンシャルワーカーは子どもに向かう細やかで柔らかな心と同時に，施設固有のソーシャルワークの力が必要とされる，きわめて高度な専門職であるべきという認識が，筆者らのなかにはある。そのため，本書では児童養護施設で子どものケアにあたる職員のことを，「レジデンシャルワーカー（RW）」と呼ぶことを選んだ。

　本書が現在施設心理士として働いている心理臨床家や，これから児童養護施設などの生活施設で働くことを希望している学生，臨床心理学を学ぶ大学院生，そして施設心理士を導入している，あるいはこれから施設心理士を導入しようとしている施設やその職員などにとって，施設心理士の仕事を理解し，より意義のある活用方法を工夫し，子どもへのより良い支援へとつながるきっかけになるよう強く願っている。

　　2012年1月20日

　　　　　　　　　　　　　　　　　　　編者　加藤尚子

施設心理士という仕事
―― 児童養護施設と児童虐待への心理的アプローチ ――

目　次

はじめに

第1章　児童養護施設と施設心理士 …… 1

1　子ども虐待と児童養護施設 …… 3
（1）子ども虐待の「いま」　3
（2）子ども虐待と児童養護施設　4
　児童養護施設とは　4
　子ども虐待が児童養護施設に与えた影響　5
　被虐経験を持つ子ども　6
　　子ども虐待による心理的被害　6／子ども間暴力　9／
　　被措置児童等虐待防止 ── 施設職員の困難　11

2　施設心理士の導入と仕事の実際 …… 14
（1）施設心理士の導入の経緯　14
（2）施設心理士のモデルのつくりづらさ　15

3　施設心理士の姿 …… 18
（1）年齢構成と仕事内容　18
（2）日常の生活場面への関与　19
（3）勤務形態と時間の特徴　19
（4）勤務体制　20

4　施設における心理臨床活動の特徴 …… 21
（1）スーパービジョン ── 役割の混乱　21
（2）個人心理療法　23
　物理的な治療構造　23
　来談形式　24
　日常生活と治療空間との橋渡し　25
　面接への導入　25
　「公の」面接関係　26
　守秘義務　27

　　　　　日常生活場面で起きた出来事の取り扱い　29
　　　　　面接の終了　30
　　　（3）　生活場面での心理援助　30
　5　職員のこころのケア……32

第2章　施設心理士としての実践内容　……37
　1　施設心理士の仕事の実際……39
　　　　施設心理士・Mさん　40
　　　　施設心理士・Aさん　42
　　　　施設心理士・Nさん　44
　　　　施設心理士・Dさん　46
　　　　施設心理士・Hさん　48
　2　施設心理士になるまで，なってから……50
　　　（1）　施設心理士・Hさん　50
　　　　施設心理士になるまで　50
　　　　施設に戸惑いながら居場所をつくる──A君との出会い　52
　　　　コンサルテーションの第1歩　54
　　　　家族支援へのかかわり　55
　　　　施設全体を見わたして　56
　　　　仲間とともに　57
　　　（2）　施設心理士・Nさん……58
　　　　施設心理士としての仕事内容　58
　　　　　子どもの心理療法　58／RWへのコンサルテーション，会議への出席　60／児童相談所，学校，病院との連携　60
　　　　施設心理士としてのスタンス　61
　　　　実際のなかで感じていること　63
　　　　生き抜くコツ　66

第3章　子どもと家族への心理支援　……69
　1　児童養護施設における心理療法……71

目 次

  （1）トラウマ・アタッチメント・発達支援　72
    トラウマに対する支援　72
    アタッチメントに対する支援　73
    発達支援　74
  （2）児童養護施設の心理療法の特徴　75
2 成育史の振り返り……81
 ——子どもの生にまつわる重要な事実を分かちあうための援助
  （1）成育史の振り返りの必要性　81
  （2）テリング　83
  （3）ライフストーリーワーク　84
  （4）施設心理士が行う援助の実際　87
    実施の時期　90
    RW同席の意味について　90
    用いられる技法　91
3 セカンドステップ……94
  （1）セカンドステップとは　95
  （2）児童養護施設におけるセカンドステップの実施　97
  （3）事例　98
    事例の概要　98
      対象児童と主訴　98／対応の基本方針　98
    第1期　X＋2年7月～8月中旬　98
    第2期　X＋2年8月中旬～10月　99
  （4）セカンドステップアップの効果　101
    被虐待児への心理教育的アプローチ　101
    RWの子どもへの対応スキルの向上　101
4 施設心理士による家族支援……103
  （1）児童養護施設における家族支援とは　103
  （2）ある児童養護施設での家族支援体制　104
  （3）児童養護支援における家族支援の実際——ある事例より　106

（4） 家族支援における心理士の役割とは　110
     アセスメント　111
     心理面接のスキル　112
  （5） 家族支援における施設心理士の役割　113

第4章　レジデンシャルワーカーと組織への心理支援
……………………………………………………………………………119

1 施設内での児童間の性的虐待への取り組み……121
  （1） 施設における児童間の性的暴力　121
     「無力感」と「支配－服従関係」　121
     性化行動と再被害　123
     施設に巣食う「伝統」　124
     現行システムの課題　124
  （2） 自分たちの取り組み（プログラム作成の経緯）　125
  （3） プログラム概要　129
     当該児童からの聞き取り　129
     施設内のリスク点検　135
        物理的・時間的死角の把握と防止策　136／子ども間の暴力への
        対策　136／日常生活の基本ルールの再確認　136
     子どもの状況を把握し，サインを見逃さない　137
     職員配置と児童構成への配慮　138
     子どもへの性教育および，性に関して職員間でも意識を高める　138
     家族に対する啓蒙と協力関係　139
     職員・関係機関の連携，コミュニケーションの円滑化　139
  （4） 施設心理士としての取り組み，本プログラムの要点　140

2 施設内でのマルトリートメント予防に関する取り組み……141
  （1） マルトリートメントは　142
  （2） 施設職員とマルトリートメント　144
  （3） マルトリートメント予防の取り組み　147
  （4） 研修用DVD教材の内容　149

目次

　　　（5）　今後の展開　156
　3　心理コンサルテーション……158
　　　（1）　児童養護施設と心理コンサルテーション　158
　　　（2）　心理コンサルテーションとは　159
　　　（3）　児童養護施設における心理コンサルテーションの必要性　160
　　　　　養育の特質が求めるもの　160
　　　　　虐待による心理的被害の影響　161
　　　　　職員支援と子どもへの間接的な心理支援として　161
　　　（4）　児童養護施設における心理コンサルテーションの方法　163
　　　　　子ども中心のケースコンサルテーション　164
　　　　　RW 中心のケースコンサルテーション　165
　　　　　RW 中心の課題コンサルテーション　167
　　　　　施設での心理コンサルテーションの難しさ　168
　　　（5）　今後の課題～コミュニティアプローチの視点　171

第5章　事　例　……………………………………………175
　1　心理療法と生活支援が連動したプレイセラピーの事例……177
　　　（1）　児童養護施設における心理療法と生活の関連　177
　　　（2）　事例の概要　178
　　　　　入所まで――ユメナへの虐待と母の生い立ち　178
　　　（3）　プレイセラピーの開始　182
　　　　　施設について　182
　　　　　生活場面の様子　182
　　　　　プレイセラピー導入の経緯　182
　　　　　治療経過と治療構造　183
　　　　　第1期　荒れる心――リミットテスティングと関係づくり　183
　　　　　第2期　どうしてわたしばっかり!?――怒りの裏にある傷つきと悲しみ　189
　　　　　第3期　家族になりたい――現実の抱えとファンタジーの展開　196
　　　　　第4期　いろいろなんだよ――不安定を抱えた安定　199

（4）考　察　205
　　　　　事例の経過について　205
　　　　　施設臨床において特徴的に起きる事態への対処について　208
　　　　　虐待を受けた子どもとの心理療法においてよく起きること　210
　　　　　RWとの連携について　212
　2　施設における家族支援の事例……214
　　（1）かみあわないこころ　214
　　（2）リョウタが施設にやってくるまで　215
　　（3）家族との交流の始まり　217
　　（4）アセスメントを立てる　218
　　（5）子どもに伝える　221
　　（6）児童相談所との協働　221
　　（7）家族との面接——関係をつくる　222
　　（8）養母の想い　227
　　（9）子どもが問う　229
　　（10）家族の絆　232

索　引　235

第 1 章

児童養護施設と施設心理士

　本章では，現在の児童養護施設の現状と施設心理士が導入されることになった経緯について，主に児童虐待が社会問題化してきている観点から述べる。そして，施設心理士の現状と児童養護施設における心理臨床活動の特徴について，コミュニティアプローチの観点をふまえみていく。

1　子ども虐待と児童養護施設

(1) 子ども虐待の「いま」

　子ども虐待は，現代の日本の子どもを取り巻く，最も深刻な問題となっている。人々の間でも，深刻な社会問題として認知されているといえよう。2010（平成22）年度に全国の児童相談所において受理した児童虐待相談件数は5万5,152件にのぼり，20年前の1990（平成2）年の1,101件を1とした伸び率でみた場合，実に約50倍にのぼっている。[1]日本の子どもの人口（15歳未満）をおよそ1,801万人と見積った場合，約1,000人のうち3人が子ども虐待の被害を受けていることになる。

　子ども虐待には，身体的虐待，ネグレクト，心理的虐待，性的虐待とあるが，どれも子どもの心身の発達を阻害し，心に大きな傷をあたえる。その負の影響は，子ども時代のみならず，生涯にわたって心と行動，つまり人生に作用し続けることも多い。虐待を受けた子どもが成長し親となり，自分で制御し得ない力に突き動かされ，わが子を虐待してしまうという「世代間連鎖」も，実際の子ども虐待の臨床現場ではよく出会う悲しい現象である。

　虐待により，命を絶たれる子どもも後を絶たない。2003（平成15）年から2006（平成18）年の3年間の間に，約300人の子どもが，子ども虐待により命を失った。

　子ども虐待を予防し，虐待を受けた子どもの育ちを支えることは，社会の重要な責務であるといえる。

（2） 子ども虐待と児童養護施設

▼児童養護施設とは

　こうした子ども虐待の社会問題化と，その予防と対策の必要性が強く認識されていくなかで，虐待を受けている子どもの心身の安全を図るために，児童福祉機関において子どもの保護が積極的に行われるようになった。現在では，深刻な虐待を受けた多くの子どもが，児童養護施設で暮らしている。全国の児童養護施設の入所児童のうち，およそ62.1％が被虐待経験を持つ子どもとなっている。[2]

　児童養護施設とは，児童福祉法第41条によって定められた児童福祉施設であり，さまざまな理由によって家庭で暮らすことができない1歳以上18歳未満の子どもたちが暮らしている施設である。2010（平成22）年度では全国に579施設あり，およそ3万1,000人の子どもたちが暮らしている。[3]児童養護施設の多くが，戦後に，戦災による孤児や浮浪児の保護を目的としてつくられた。その後，高度経済成長を背景とした家庭の崩壊と養育力の低下などにより，親とともに暮らせない子どもたちが入所する時代が続き，現在では子ども虐待を理由とする入所が増加しているのである。世間一般の児童養護施設のイメージは，「孤児院」という言葉に代表される，親のいない子どもが暮らしているところ，といったものかもしれない。しかしながら，現在，児童養護施設で暮らす子どものほとんどに親はおり，その所在もわかっていることが多い。つまり，子ども虐待という問題を筆頭に，家庭が抱える問題のために親とともに暮らすことができない子どもたちが生活しているところが，現在の児童養護施設なのだといえよう。

▼子ども虐待が児童養護施設に与えた影響

　こうした被虐待経験を持つ子どもの増加にともない，児童養護施設ではさまざまな問題が起きている。

　養育者からの虐待によって心的外傷を受け，そして安定した愛着関係を築くことができなかった子どもたちは，さまざまな心因反応や否定的な対人認知にもとづく不適応行動を起こす。こうした子どもたちの不適応行動は，これまでの施設の機能や施設職員（以下，RW＝レジデンシャルワーカーと呼ぶ）の対応能力を遙かに超えるものとなっている。

　たとえば，生活のなかで頻繁に起きる子どもの激しい怒りの感情の爆発や，年下の子どもへの嫉妬や暴力，性的な行為も含めた子ども間の暴力，年齢的に不相応な，時に性の境界が侵される不安を感じるようなRWへの甘え，学校との不調など，子ども個人や集団に次々と困難な問題が起きている。その対処に施設全体が追われ，RW個人も疲弊している現状がある。やがてそれは，RWのバーンアウト（燃え尽き症候群）や施設内虐待などの崩壊的な事態へとつながっていく。

　このように，児童福祉の最重要課題でもあり社会問題でもある子ども虐待は，施設のあり方にも大きな影響を与えている。加賀美尤洋は，虐待を受け，関係性に障害を抱えている多くの子どもたちを受け入れている児童養護施設は，改めて子どもの発達課題の修復を図り，関係性を取り戻す専門機関として，その養育のあり方を大きく転換することを第1目標にしなくてはならないと述べている(4)。現在の児童養護施設では，虐待による心の傷を抱え，重い人間関係のこじれを抱えた子どもたちの心の傷の回復と育ちを支えることが期待されているのである。加えて，社会状況とニーズの変化にともな

い，施設内での子どもの養育だけでなく，家族との関係調整，地域への子育て支援やネットワークづくりなど，より多様な機能を果たすことが施設には求められており，パラダイムの変換とそれにともなう責務の増大に直面しているのである。

▼被虐待経験を持つ子ども

子ども虐待による心理的被害

施設で暮らしている被虐待経験を持つ子どもの問題行動として，些細(ささい)なことですぐに怒りを爆発させる，いったん怒るとなかなかおさまらない，物や人に暴力をふるう，人からの注意や指摘が受け入れられない，落ち着きがない，などがよくあげられる。これらは，感情をコントロールする力の弱さや不安の高さ，自己評価の低さなどから生じている。基本的安心感や信頼感と呼ばれる，人や世界に対する安心感や安全感，信頼感の低さ，そして否定的な自己イメージや他者イメージなどが，被虐待経験を持つ子どものさまざまな不適応行動や苦しみにつながっている。

　被虐待経験を持つ子どもの心理的被害は，心的外傷体験と不安定な愛着形成がその中心であるといわれている。[5]

　産まれたばかりの乳児は，栄養摂取や移動をはじめ，生存に必要な環境調整を自力では行うことができず，1人では生きられない。大人の保護と養育を必要とし，養育者との間に情緒的きずなを築くことで生き延びていく。生存にかかわるすべてを他者の力に委(ゆだ)ねている子どもにとって，自分の身に起こることの多くは危機的状況として認識される。おなかが減ったり，おむつが濡れて気持ちが悪いなども身体的な危機であり，こうした不快な身体感覚は心理的危機も同時にもたらす。情緒的なニーズとして，だれかに抱っこしても

らいたいけれど抱っこしてもらっていない，知らない人がやってきた，などは心理的な危機をもたらす。こうした危機的状況を解消し，快適で安全な状況に変えてくれる養育者のかかわりによって，世のなかや他者に対する基本的な安心感や信頼感が築かれ，安心や安全をもたらす養育者がアタッチメント対象となっていく。虐待環境にある子どもは，こうした身体的・心理的危機状況がアタッチメント対象によって解消されたという経験に乏しい。そのため，他者や環境に対する安心感が低く，この世のなかや他人の存在を信用することができない。

　子どもが感じる不安や不快な感覚，感情は，養育者のかかわりによって緩和されたり，コントロールされたりしていく。たとえば，思うようにならずに癇癪を起こしている子どもに対して，養育者は抱っこをしたり，言い聞かせたり，子どもが望む環境を実現したりと，なだめたり保護したりしながら，子ども自身ではコントロールしきれない感情を大人の力を使ってコントロールし，抱えていく。こうしたかかわりを繰り返し体験することによって，やがて大人の力が子どもに取り入れられ，子どもは感情をコントロールする力を身につけていく。しかし虐待環境にある子どもは，このような養育者に抱えられながら感情をコントロールするという体験がしにくい。また，自発的に我慢したり，「（養育者の）いうことを聞いてよかった」と思えたり，養育者の言いつけに従った結果評価され褒められるという体験が持ちにくい。そのため，感情をコントロールする力が育ちにくく，他者のいうことを素直に聞いたり従う姿勢も育ちにくい。自分でもコントロールしきれない感情を体験しているからこそ，泣いたりぐずったりしているのに，こうした子どもの危機的表現が，養育者の叱責や暴力などの虐待行為という，さらなる危機状

況を呼び込んでしまう。そもそもの不安に加え，加虐という刺激が加わり，さらに不安が高まる結果となる。感情調整を手伝ってくれる養育者の存在がないために，子どもは不安や危機に対して自分1人で対処しなくてはならず，自分を守るために先んじて相手に攻撃を加えることも起こる。そして，守ってくれる養育者の存在がないために刺激に対してすぐに反応しなくてはならず，心身ともに落ち着きのない状態を示すようになっていく。

　こうした子どもの，身を守る術であり，孤軍奮闘の結果が，他者には感情のコントロールができず，乱暴で反抗的な子どもと映り，「問題のある子ども」としてとらえられてしまうという，切ないからくりが被虐待経験を持つ子どもの心のなかにはある。

　また，虐待を受けて育った子どもに対しての，自己中心的，共感性に乏しい，相手の立場に立って行動したり物事を理解したりすることができないなどの指摘も，とくに学校現場などでよく耳にする。虐待環境下にある子どもたちは，良いとか悪いとかの以前の，ありのままの自分の気持ちを養育者に理解してもらった体験に乏しい。自分の気持ちを他者にそのまま理解してもらい，受け止めてもらった体験をとおして，子どもは自分と他者が同じ感情を共有し得ることや，他者の気持ちを理解するという力を身につけていく。共感されたり，自分の感じ方の枠組みに沿って他者から理解された経験を持たない子どもにとって，相手の身になるとか思いやる力を身につけていくことは大変な課題である。しかしながら，被虐待経験を持つ子どもたちは，自分は他者から寄り添われ理解された体験を十分に持てていないにもかかわらず，周囲からは「自分勝手」であることや「人の気持ちがわからない」ことで，責められ叱られるという経験を重ねていきがちである。

そして，被虐待経験を持つ子どものよく知られた心理的特徴として，虐待的な人間関係を再現する傾向がある(6)。これは，命の危険を感じたり，自分の安全が脅かされたりする虐待行為により，心的外傷を被る結果，再被害を招きやすい振る舞いをしたり，被害にあいやすい状況に身を置いたりすることである。たとえば，挑発したり，激しい怒りをぶつけたり，過度にべたべたしたりなど，大人が子どもに対して怒りを覚えたりかかわりたくなくなるような気持ちにさせられる言動を子どもが取る結果，強く叱責されたり嫌悪されたりといったことが起き，虐待行為やネグレクト状況の再現のような関係や状況が生じる。

ほかにも，心的外傷がもたらす症状として，虐待的な場面やテーマを繰り返し遊びのなかで表現したりする再演や，ふいに思い出して苦痛を感じたりする再体験の症状，虐待場面が思い出せなかったり感情が湧かないなどの回避・麻痺性の症状，注意集中が困難だったり落ち着きがないなどの覚醒亢進症状などがあげられる。また，愛着形成の障害がもたらす無分別な他者への過度の馴れ馴れしい態度やその反対の引きこもりなど，発達の偏りをもたらす場合も含め，被虐待経験を持つ子どもはさまざまな困難を抱えやすい。

子ども間暴力　虐待により心に大きな傷を負った子どもたちが施設のなかで起こす問題のうち，とくに近年RWが対応に苦しんでいるのが，子ども間の暴力問題である。養育者からの暴力にさらされ，力によって従わされてきた子どもたちは，欲求不満耐性が低く，些細なことで怒りを感じやすい。感情表現の方法や，そのはけ口として暴力を用いやすく，力によって相手を支配しようとする傾向もしばしばみられる。また，養育的体験の不足感は，年少の者や他児が職員から可愛がられていたり，ケアを受けている場

面が，強い嫉妬や怒りが引き出されるきっかけになりやすい。こうした背景に加え，不幸にも施設生活のなかで年長の子どもたちから暴力をふるわれた体験が重なったりすることにより，施設内での暴力の連鎖が起きていく。年長の子どもが年下の子どもに対して，力の強い者が弱い者に対して，容易に暴力をふるい，また暴力を用いて相手を支配しようとする現象が，施設のなかで連綿と受け継がれ続いていく。こうした施設内での暴力問題がまったく起きたことのない施設はほとんどないといってもよく，多くの施設が頭を悩ませている問題である。

　被虐待体験による心理的被害からの回復において，最も重要となるのは生活のなかの安全と安心である。被虐待体験からの回復という以前に，人が生きていくうえでの最低限のニーズといってもよいだろう。その安心と安全が，こうした施設のなかの暴力によって妨げられていることは，施設における心理支援を考えていくうえで，施設心理士が最初に取り組まねばならない問題である。

　施設における暴力問題に対する臨床心理的側面からの取り組みとして，「安全委員会方式」がある。田嶌誠一は子ども間暴力だけではなく，施設における暴力問題すべてに対して包括的に取り組むことの重要性を指摘している。性暴力も含めて，施設内の暴力を，①職員からの暴力，②子ども間暴力，③子どもから職員への暴力，の3種の暴力に分け，潜在的な暴力と顕在的な暴力の2レベル3種の暴力として整理した。そして，施設内のみならず，児童相談所や学校など，施設を取り巻くシステムをも支援構造のなかに取り入れ，システム形成型アプローチとして施設における暴力問題を解決するべく，系統的な実践研究に取り組んできている。藤岡孝志も，愛着アプローチの視点から施設内の暴力問題について言及しており，愛着

対象の存在が攻撃行動を制御する可能性について述べている。また，第4章において紹介するが，東京都のもと児童養護施設心理療法担当職員らによるグループ（「たんぽぽの会」）も，施設内暴力や職員のマルトリートメント防止の研修プログラムを独自に作成している。

こうした子ども間暴力をはじめとした，施設における暴力問題に対する臨床心理学的取り組みはようやく始まったばかりであり，これらプログラムの効果測定も含めて，実践と連動したさらなる実証的研究が必要とされている。

被措置児童等虐待防止
――施設職員の困難

子どもが子どもに対して加える暴力だけでなく，子どもからRWに対する暴力の問題も深刻である。2008（平成20）年の東京都社会福祉協議会児童部会が行った調査によると，70.2％の職員が子どもから暴力をふるわれた経験があるという結果が示されている。そのことによってRW自身が大きな心理的ダメージを受け，休職したり離職したりすることも頻発している。そもそもは，子どもの心の痛みを受けとめ，子どもの育ちを支えたいという意志を持って施設職員の仕事を選んだ者が，その子どもから受けた傷によって職場を去っていかざるを得ないのは，悲しい帰結である。

そして，職員による子どもへの不適切なかかわり（マルトリートメント）も，以前から施設におけるケアの問題として取り上げられてきている。2009（平成21）年の児童福祉法の改正により，施設や里親のもとで暮らす社会的養護を受けている子どもを対象として「被措置児童等虐待の防止」の枠組みが定められた。これにより，児童養護施設で暮らす子どもに対するマルトリートメントへ向けられる社会の目は一層きびしいものとなった。

たしかにRWによる子どもへのマルトリートメントはあっては

ならないことであり，どのような理由もその言い訳にはできない。しかしながら，その背景にある，事前教育やOJT（On-the-Job-Training＝仕事をしながらの研修・訓練）などのトレーニング，サポートの不足，過酷な勤務状況などのシステムの問題，そして，子どもの養育という営（いとな）みの特性と被虐待体験のもたらす対人関係上の否定的な影響についても見落としてはならない。こうしたシステムや，関係のなかで生じる心理機制についての理解を抜きにして，単に不適切なかかわりをしたRW個人を責め，排斥（はいせき）し，問題の起きた施設を批判するだけでは，本来的な解決にはつながらない。被害を受ける子どもや苦しむRWはその後も生まれ続けることになる。支援のともなわない管理や監視だけでは，RWや施設が抱える困難は解消されず，被措置児童等虐待防止につながる根本的な解決にはつながらない。子育て支援における親支援と同じ視座を持ち，子どもの養育にあたるRWと子育てコミュニティとしての施設への支援を考えていくべきであろう。社会的養護におけるマルトリートメント防止に取り組む際には，RWと施設への支援体制も同時に検討されねばならない。

　施設職員として働く児童指導員，保育士などが，大学や短大などの養成課程において学ぶ内容は，現在の施設で暮らす子どもの養育支援を行うにあたって，十分とはいいがたい。被虐待経験を持つ子どもの心理被害の特徴や，そこから生じるさまざまな対人関係上，行動上の問題，そして暴力への対応などは，現場で働きだしてから実地で学んでいるのが現状である。そのうえ，十分なOJTを受ける機会も乏しく，子どもとのかかわりで直面する困難の多くは，職場内で解決するか，あるいは1人で抱え込まざるを得ない場合も多い。知識は独学でも習得可能であるが，スキルは実践と切り離して

獲得することは難しく，仕事をしながら学んでいくことが必須となる。対応に困ったり，RWが感情的になったりするような子どもの問題行動に対して，その発生のメカニズムについての理解と具体的な対応スキル（技術）を持ちあわせていなければ，対応に窮した RW が結果的にマルトリートメントとみなされる行為をなす危険も大きくなる。

　そもそも，子どもの養育とは，養育者に客観性を失わせ感情的になりやすいメカニズムを，その営みのなかに有している。子どもを育てる過程では，子どものよろこびを自分のよろこびのように感じ，情動を一体化させていく働きかけが必須である。たとえば，散歩している犬をみて目を輝かせている子どもに，「あら，ワンちゃんだねー！　かわいいねー。」と言葉をかけ，子どもが感じているであろう興奮やよろこび，感情を共有していく働きかけである。そのことを通じて，子どもは養育者と感情をともにしていると実感し，他者との共感能力が育っていく。また，怒りを感じることがあったとき，怒り癇癪を起している子どもの姿をとらえ，「怒っているのね，どうしたのか話してごらん」，「わかったわかった，こっちにおいで（と，気持ちが落ち着くように抱きかかえ），よしよし」などと，養育者が言葉や行動で子どもの気持ちを伝え返し，気持ちをなだめる働きかけをすることによって，子どもは自分の感情を確かめ，興奮や鎮静という感情コントロールの力が育っていく。子どもは，自分1人では調節できない気持ちを大人の力を借りて調節してもらうことにより，感情を調整する力を育てていく。つまり，子どもが育つためには，養育者が自ら積極的に子どもの感情に入れ込み，感情を共有しつつ，子どもの情動に働きかけることが必要になる。こうした働きかけは，子どもを育てるうえでは必要であるが，それと同時に

養育者には子どもとの一体化を要請し，心理的距離や客観性を失わせることにつながりやすく，時には心理的疲労をももたらす。もちろん，こうした否定的な影響だけでなく，子どもの気持ちや成長をわがことのように感じ，よろこびやたのしみなどの肯定的な感情を味わうことも多い。しかしながら，虐待を経験した子どもたちの多くは，否定的なものの見方や感情を抱きやすく，感情をコントロールする力も十分に育っていないことが多い。こうした否定的な枠組みを理解しそれに寄り添うことや，激しい感情を受け止め調節していくことは容易ではなく，多くの心理的疲労を養育者にもたらすことになる。子どもの持つ怒りに圧倒され，養育者自身の怒りの感情が引き出されてしまったり，心理的疲労から子どもへのかかわりのエネルギーが奪われてしまったりする結果，子どもへのマルトリートメントとみなされる行為が生じる危険性も高まる。

　こうしたRWによるマルトリートメントの背景にある，養育にまつわる心理的特性や被虐待経験の影響，そしてシステムがもたらす困難についての理解を十分にふまえたうえで，その対策を検討していく必要がある。

2　施設心理士の導入と仕事の実際

（1）　施設心理士の導入の経緯

　こうした児童養護施設を取り巻くさまざまな状況を背景に，被虐待経験を持つ子どもの治療とRWへの助言を目的として，1999（平成11）年より非常勤心理療法担当職員（施設心理士）が配置されるようになり，2006（平成18）年には常勤職員として予算化された。2004（平成16）年には292施設に心理療法担当職員が配置

されており，現在では全国の児童養護施設のうち，かなりの施設に施設心理士が配置されていると推察される。東京都では，59 ある児童養護施設のうち，常勤 14 施設，常勤的非常勤（週 5 日以上の勤務日数を複数の施設心理士により確保しているもの），非常勤 3 施設の，合計 48 施設に施設心理士が配置されている。1999（平成 11）年に導入されて以来，非常勤から常勤へと配置の質も向上し，その数も増加の一途をたどっている。児童福祉施策のなかでも，「施設心理士」の重要性に対する認識と期待は高まっており，児童養護施設のみならず，乳児院や児童自立支援施設，母子生活支援施設などへの配置に拡大している。

（2） 施設心理士のモデルのつくりづらさ

しかしながら，そうした質と数が充実していく一方で，「児童養護施設のなかで働く」施設心理士の役割や働き方は，いまだ模索中の段階であり，明確なモデルができあがっているとはいいがたい状況にある。

こうしたモデルがなかなか定まらないことには，いくつかの理由がある。

1 つは，個性に富んだ施設の実情である。一口に児童養護施設といっても，その姿は施設によって大きな違いがある。子どもたちの数や生活形態，建物の造り，養育の方針，決まり事などは施設ごとに異なり，同じ種別の施設といっても違いが大きい。子どもが 100 人いる施設の心理士の仕事内容と，30 人しかいない施設の心理士の仕事内容は，当然のことながら異なる。現在のところ，子どもの人数にかかわらず，1 施設に，1 名の常勤施設心理士が配置されるという基準となっている。したがって，子どもへの個人心理療法を

業務の中心としていると，入所定員が多い施設では，ごく限られた子どもしか心理支援サービスを受けることができないという結果になる。必然的に，グループ活動や職員とのコンサルテーションなど，個人心理療法以外の心理支援サービスを工夫していかざるを得ない。あるいは，RW集団の状況によっても，期待される役割は異なってくる。RWは，そのきびしい労働状況から離職も多く，在職年数の平均は，年齢層によっても異なるが，およそ3年〜5年ほどである。いきおい，RW集団のキャリアも短くなり，経験の浅いRWばかりが多数を占めることになる施設もめずらしくない。そのような職員構成のなかでは，施設心理士がRWのスーパーバイザー的な役割を求められているということも耳にする。

　もう1つの大きな理由としては，コミュニティをベースとした，フィールド型の心理臨床活動の困難さである。「外来相談機関に，主訴が明確で，相談意欲のあるクライエントが通所してくる」というようなインスティチュートモデルを中心として発展してきた臨床心理学のなかでは，児童養護施設で求められるような「生活の場のなかで，ニーズが明確でない，クライエントとそのクライエントを支えるキーパーソンに対して心理支援を行う」というフィールド型の心理臨床活動についての蓄積は，まだまだ発展途上にある。そのため，施設心理士にとっては，臨床活動を支える理論的枠組みや活動のモデルが求めづらい背景がある。実践にそのまま反映させることができる方法や技術，学問的知見は広く共有されてはおらず，コミュニティアプローチの発想を土台にしながら，具体的場面に則して個々の施設心理士が自分で考えをめぐらし，創造していかなければならない臨床現場であるといえよう。施設臨床は，コミュニティアプローチ型の心理臨床活動ととらえられるが，心理臨床家の養成

課程である大学院において，十分な教育が行われているとはいいがたい。さらに，次項においてくわしく紹介するが，現状では施設心理士には比較的若い心理臨床家が多い。臨床心理士養成の大学院では，まずは臨床心理学の根幹の部分である，クリニカルなインスティチュートモデルの心理臨床活動を中心に学ぶ。フィールド型の臨床活動について，十分に学ぶ機会になかなか恵まれない。また，誤解を恐れずにいえば，インスティチュート型の心理臨床活動を基本だと仮定すると，フィールド型の心理臨床活動は応用編であり，社会性などの人間としての成熟度も含め，専門家としての経験や技量がより必要とされる，難度の高い活動場面が多いのではないだろうか。

施設心理士がRWのスーパーバイザー的な役割を求められることがあると述べたが，若くRWとして働いた経験がない施設心理士にとっては，難しい要請である。RWとの協働や，生活をみる視点，コミュニティと集団のアセスメントなど，ベテランの心理臨床家にとっても難しい内容である。周囲からの期待も高く，施設心理士として中心的な仕事であるとみなされている，虐待を受けた子どもの心理療法も，難しい臨床実践である。2者関係をベースとしてその効力を存分に発揮する個人心理療法も，他者への基本的な信頼感や場への安心感など，生の根底に課題を抱える被虐待経験を持つ子どもに対しては，困難な経過をたどる場合も多い。

以上のような困難さや，常勤化され一定の保障がされたとはいえ，非常勤の場合はスクールカウンセラーの約3分の1という賃金の低さも加担して，現在のところ長期にわたり施設心理士として働いているものの数は決して多くない。東京都の場合，児童養護施設で働く施設心理士の在職平均年数は，わずか3年6か月[17]にとどまってい

る。

　このような状況のなかでは経験の蓄積はなかなか望めず，以上のことが施設心理士のモデルがつくられづらい要因となっていると考えられる。

3　施設心理士の姿

　それでは，児童養護施設の施設心理士の実態とは，どのようなものになっているだろうか。すこし以前のものになるが，全国の児童養護施設と施設心理士に対して行った調査[18][19]をもとに，みていきたい。

（1）　年齢構成と仕事内容
　施設心理士の年齢は，20歳台が57％を占め，教育歴も4年生大学卒業が45％，大学院修士課程修了が50％であり，若い。臨床心理士の基準と比較すると，これから経験を積んでいこうとするものが多いといえる。施設心理士の業務として行っているのは，①個人心理療法（95.5％），②コンサルテーション（61.7％），③生活場面での子どもへの直接的心理援助（53.4％），④職員への心のケア（40.6％）などがあがっている。これ以外に，RWと同様の，⑤生活場面での直接生活援助（23.3％）業務も行っており，グループセラピー（16.5％），スーパービジョン（17.3％），学習指導（17.3％）を上回っている。方法を問わず，生活場面に入り込んで支援を行っている施設心理士は，全体の半数を超えている。なかには，宿直勤務をしている施設心理士もいた（12.2％）。

（2） 日常の生活場面への関与

　こうした子どもの日常生活の場面への関与の多さは，施設心理士の1つの特徴である。生活場面でのかかわりが，子どもや職員，そして心理支援として意味するものを，実践をとおして今後丁寧に整理していく必要がある。また，「非日常的な関係と空間」において展開される内容が治療的変化をもたらすと仮定し発展してきた歴史を持つ心理療法において，施設心理士が子どもの日常生活に姿を現し，かかわりを持つことがどのような影響を与えるかについて検討されねばならないだろう。こうした現実を治療関係にいかに活かしていくかといった肯定的な視点も重要であろう。

（3） 勤務形態と時間の特徴

　2002（平成14）年の調査では，4日以上勤務している施設心理士は，全体の55％であった。集団生活の場は，日々の変化が早い。子どもからRWへの暴力があったり，子どもたちが集団で万引きをしていることが判明したりするなど，問題が生じると，数日のうちに施設全体の雰囲気ががらりと変わっていることもある。子ども集団が落ち着かず，RWもゆとりをなくす。施設心理士には子どもへの心理支援だけでなく，RWへのコンサルテーションやメンタルサポートが強く期待されている。施設にとって大変なことが起きているときに不在であることは，同じ職員として，RWにとっても施設心理士にとっても不利な条件になりかねない。一方で，心理的にも物理的にも距離を取りやすくなるため，巻き込まれずに冷静に施設全体の状況や課題を俯瞰できるという利点もある。非常勤として組織への心理支援に携わる場合，こうした課題と利点を意識しておくことは，実際の介入を行う場合においても，心理士自身の

逆転移を理解するうえでも,重要なことである。

　勤務時間をみてみると,始業時間は13時台が最も多く,全体の2割以上を占めた。学齢期の子どもが多い施設という特徴をふまえて,勤務時間の工夫を行っていることがわかる。日中は学校に行っている子どもが多いため,個人心理療法や子どもの観察も,下校後が中心とならざるを得ないからである。終業時間は,17時台,18時台,21時台が最も多く,それぞれ2割ずつを占めたが,全体の約半分近くが19時以降を終業時間としていた。

（4）　勤務体制

　2008（平成20）年の東京都社会福祉協議会児童部会の調査[20]によると,施設心理士を採用している施設は全体の約62％であった。心理職を採用している施設のうち,常勤採用は約6％にすぎず,残る約94％は非常勤であった。そのうち,複数の施設心理士がいる施設は全体の約36％であり,残る約64％の施設は1人職場だった。複数の施設心理士を採用している施設も,その出勤日数と照らし合わせてみると,同僚の施設心理士と勤務が重なる日数はごくわずかであると推察される。つまり,ほとんどの施設心理士が常時単独で仕事をしている実態を示しているといえよう。このような状況では,施設心理士同士で業務について検討したり,相談したり支え合ったりすることが難しい。施設心理士としての業務を行っていくうえで,孤立しがちな現状があるといえよう。施設心理士として職能を向上させたり,仕事を継続していく意欲を得るうえでも,同職種間のネットワークやあるいは児童相談所心理職などを交えたサポートネットワークが重要である。

　以上,調査をもとにして,施設心理士の状況を既述した。最近で

は，増沢，井手らの児童養護施設における心理職に関する調査・研究も行われており，本書にあわせ，これらの新しい調査結果を参考にさらなる検討を深めることが求められよう。

4 施設における心理臨床活動の特徴

では次に，施設心理士が実践のなかで感じている，施設における心理臨床活動の特徴や課題について考えてみたい。

（1） スーパービジョン――役割の混乱

筆者の調査によれば，施設心理士がとくに困難に感じているのは，スーパービジョン（22.6％）と個人心理療法（21.1％），そして生活場面での心理援助（11.3％）などであった。

スーパービジョンは同職種のより経験のあるものが行い，そこには管理や指導機能が含まれている。コンサルテーションは，異職種間の対等な関係を土台として，あくまでも専門分野に限定した内容である。施設心理士がスーパービジョンとコンサルテーションの違いを正しく理解しているとすれば，施設内においてRWより上位に位置する専門家とみなされていると解釈できる。実際に，施設が外部に依頼しているスーパーバイザーは心理学の専門家が46.2％と最も多く，児童福祉の専門家の23.1％を上回っていた。ここからも，現状の施設の日常的な実践においては，心理学の知識が強く求められていると考えられるだろう。

施設で働いた経験のない施設心理士が，スーパーバイザーのようにみなされ，レジデンシャルワークに関する包括的な助言を求められるとすれば，そのことは困難に感じられるに違いない。心理臨床

家としての経験も浅ければ，なおのことだろう。

　レジデンシャルワークにはレジデンシャルワーク固有の専門性がある[25]。施設心理士が専門とする臨床心理学は，レジデンシャルワークを行う際に必要となる知識の一部であり，それはRWによって主体的に活用されなければならない。児童養護における養育理論の構築が発展途上であり[26]，実践において臨床心理にかかわる知識が強く求められているという現状から，施設心理士がスーパーバイザー的な役割を担わされる傾向が生じているのかもしれないが，両者は重なりあう部分を多く持ちながらも，明確に異なる。

　自分の専門を超えた役割や期待が求められているとわかっていたとしても，組織のなかでそれに応えないでいることはなかなか難しいことだろう。とくに専門家としての経験が浅かったり，採用されて日が浅かったり，あるいはその施設に初めて採用された施設心理士であったりする場合，専門家として認められたい，役立ちたいという気持ちを強く抱くことは自然であり，それが向けられた期待や役割に過剰に反応してしまうことにつながる場合もあるだろう。

　施設心理士の専門性や仕事内容について，役割を模索している段階の施設では，このスーパービジョンの例にみられるように，期待と実際に提供できる内容，役割について，施設心理士と組織がともに検討していく必要があろう。このことはすでに施設心理士を採用して日が長く，役割が固定化されている職場で働くこととの大きな違いであろう。仕事の内容と役割についてのクリエイティブな検討や調整を行うことが，施設心理士としての専門性を生かした臨床活動の前に求められよう。

　施設心理士としては，施設やRWから向けられた期待や役割をまず自覚し，そのことを組織のなかで明らかにし，共有することが

第一歩といえる。その上で,「この施設における施設心理士の役割と仕事の進め方」を組織のなかでつくり上げていかねばならない。臨床心理学の知見にもとづいた全体の見立てや知識提供,臨床実践を行い,かかわりのスキルを用いつつ,従来までのインスティチュートモデルと対比参照させつつ,コミュニティアプローチ型の心理臨床活動として,新たな役割や活動,方法を組織とともに創造していくという姿勢が重要であろう。

(2) 個人心理療法

　クリニカルな臨床モデルにもとづく個人臨床を中心に学んできた心理臨床家にとって,施設のなかでの心理療法は多くの点で戸惑いを感じるだろう。その内容と理由について,施設という場の特徴をふまえつつ,典型的な個人臨床における治療関係と比較しながら,述べてみたい。

物理的な治療構造　まずは,居住空間に近い場所で行われる治療構造の問題である。施設によっては,寝食をはじめとした生活を営んでいるのと同じ建物に,プレイルームや心理面接室があり,一般的な外来診療における面接室とは,かなり趣が異なる。そのような場合,子どもの声や物音など生活の様子が面接室に伝わってきやすく,また,なかの様子も外に伝わるのではないかという「気がかり」を生む。時に,他の子どもの面接室への侵入などが起きることもある。こうした物理的な状況は,「非日常的な,守られた空間」としての面接室の機能をゆさぶる。そのため,施設心理士は物理的構造の不備を補ったり,あるいは活かしたりしながら,心理的に安全な環境を保持するための配慮を行うことが求められる。

来談形式　通常の心理療法においては，1人で来談できない児童期の子どもには，大人が付き添って来談することになる。しかしながら施設では，生活の場所と治療の場所が近いことが多いため，たとえ年少の子どもであっても，子ども1人で来談することが可能となる。その結果，①子どもが1人で来談する，②施設心理士が迎えに行く，③子どもが職員と一緒に来談する，など，さまざまな来談形式がとられている。

外来診療の場合は，子どもとそれに付き添う親などのキーパーソンとの行き帰りの時間が，治療的な意味を持つことも多い。その過程で親密さを味わったり，互いの変化を感じ取ったり，あるいはこれまで語られなかったことが語られたりする場合もある。そのため，個々のケースに応じて来談形式が子どもにもたらす意味を考え，どのような形態を取ることが治療的かを考える必要がある。

筆者の経験では，面接終了後，かくれんぼと鬼ごっこを繰り返しながら時間をかけて生活の場に戻って行く子どもがいた。その時間は，現実生活に帰る準備であるとともに，その子が最も子どもらしく振る舞え，「子どもとしての自分」を味わえる，のびやかな成長の力が賦活する大切な時間であった。面接経過のなかでは，子どもが筆者に「ぶつけて」くる激しいアグレッションに圧倒されてしまい，面接の意味を感じられなくなってしまう時期もあった。しかし，そうした時期を乗り越えられたのも，帰路のこの健やかなかかわりが筆者にもたらす力は大きかった。面接室内での時間だけでなく，面接室まで来る時間や帰る時間も含めて治療の時間ととらえるような治療構造の考え方もあると思われる。このような面接室外でのかかわりが治療的意味を持つこともふまえ，来談形式を丁寧に検討していくことが施設内での心理療法には必要だろう。

日常生活と治療空間との橋渡し

距離と時間は,「非日常の場面」から「日常の場面」に戻るための切り替えとしても重要である。そうした意味で,治療場面と生活の場面が近いことは,配慮を要する点となる。

治療場面での心理状態を引きずったまま日常の生活に戻ることで,通常の意識状態であれば起きないような行動化が起きる可能性もある。そのような行動化が原因で生活の場に混乱をもたらすことが起きれば,子ども自身に不利益が生じる。また,「心理面接の後は問題が起きることが多い」となれば,子どもを抱える環境であるRWや生活場面に負担をもたらす。心理面接では,面接終了時間を見とおして「現実に戻る」よう配慮するが,意識の乖離(かいり)などを起こしやすい被虐待経験を持つ子どもという特徴と,施設の物理的特徴をふまえ,面接のおわりから生活場面に戻る時間は一層の細やかな配慮が必要になる。

面接への導入

面接への導入も,工夫が必要とされる点である。子どもの治療では,子どもが自分から心理面接の場に登場することは少なく,親や教師など周囲の大人がその必要性を感じ,開始されることが多い。施設でも同様で,多くの場合,子どもの不適応行動や対人関係上の問題に,「RWが困って」心理療法の開始が決められる。そこには,「セラピーを受ければ問題が解消する」という,心理療法やカウンセリングに対するRWの過剰な期待も反映されている。子ども自身が心理面接のニーズを感じていなくても,外来通所方式の面接では,親が子どもを相談機関まで連れてくるところから心理臨床家との治療関係が始まる。しかしながら施設では,こうした面接の導入場面から施設心理士に任(まか)される場合も多い。面接を始める理由や必要性について,施設心理士から子

どもに説明をしたり、子どもとの間でそのニーズを見つけ出したりするところから、面接関係を築いていく。第2章の実践報告や、第3章、第5章の心理支援の実例や事例でも述べられているように、入所時点ですべての子どもと面接を行い潜在的なニーズをあらかじめ確認しておくことや、生活場面での会話からニーズを取り上げ面接室に移行するなど、面接の導入にあたって施設心理士はさまざまな工夫をしている。面接室で「待って」いるのではなく、施設心理士からクライエントとなる子どもに、「積極的に近づいて」いくことが必要となる。

　児童養護施設へは、子ども本人が望んで入所して来ているのではない。高田治も、社会福祉サービス機関での心理支援は、感じられていないニーズを援助者との間で形成することが重要であると述べている。[29] 子どもが感じている生きづらさや苦しさに共感するなかで、本人との間で心理面接のニーズを明らかにし、それに取り組んでいくことは、そもそも主体性を奪われる体験が問題の核心にある子ども虐待という被害を受け、望まない施設生活をしている子どもたちが、主体性を自分の手に取り戻していく過程となる支援でもある。

「公の」面接関係　施設のなかでは、子どもたち同士が互いの面接関係をよく知っている。面接中や生活の場で、子どもから、「〇〇ちゃんとも『しんり（面接のこと）』しているんでしょ？」などと、他児との面接関係を問われたことのない施設心理士はいないのではないだろうか。一般的な個人心理療法においては、こうした情報が他者に知られることはなく、倫理的にも厳重な守秘の対象とされている。しかしながら、密着した日常生活を営んでいる場で行われる施設内での個人心理療法においては、面接関係が公（おおやけ）になりがちである。日常生活のなかでも、大人とのかかわりを

めぐる「取り合い」が起きることは多いが，個人心理療法における面接関係においても，「自分の知っている○○ちゃんとも会っている」ことを知ることは，子どもの心にさざ波がたち，葛藤を生み出すこともあるだろう。

　また子どもたちのなかには，心理面接を受けていない子どももいる。施設で暮らす子どものなかには，大人との個別的な関係や時間が十分に満たされていない子どももいる。とくに年齢が低くなればなるほど，他の子どもが個人心理療法を受けていることを知ると，「私もあの部屋で××先生と２人で遊びたい！」と訴えることがある。個人心理療法を受けていない子どもが感じる思いにも，施設心理士は配慮したい。

守秘義務　施設心理士が児童養護施設に導入された直後，RWがよく抱いた不満の１つに，施設心理士の子どもや心理療法の内容に対する情報の取り扱い方があった。「守秘義務があるため子どもとの面接内容をRWに話せない」と，外来診療方式の守秘義務の考え方をそのまま取り入れていた施設心理士も少なからずおり，そのことが施設内で，とくに担当のRWの不信や不評をかうこともあったと聞く。

　いまではこうした狭義の守秘義務の考え方をしている施設心理士は少なくなっていると思われるが，この心理療法における守秘義務の取り扱いにめぐっては，いくつか検討しなくてはならない点がある。

　１つは児童養護施設という場が持つ，制度上，構造上の問題である。児童養護施設で生活する子どもたちに関する責任は，社会的養護を担う児童福祉機関が持つ。具体的には児童相談所や施設管理者である。施設心理士も児童福祉システムの一部である。そして

RWは，子どもの代替養育者であり，施設心理士にとって目的を共有し同じチームで働く専門家である。このような状況のなかで，子どもに対して「ここで話されたことや起きたことは，すべてあなたの同意なしには他の人に話しません」と伝えることは現実的ではない。むしろ，「あなたにとって大切なことで，他の人が知っていた方がいいと思ったことは，あなたとよく話しあったうえで，他の人にも話すことがあるよ」いう方が事実に近い。RWをはじめとする子どもの支援者と情報を共有するかしないかではなく，情報の伝え方を工夫することが，臨床心理の専門家として求められる。治療関係のなかで起きた出来事や子どもの振る舞い，発言を，そのまま施設職員や担当児童福祉司などの協働支援者らに伝えるのではなく，そのことが子どもの心的現実や心のなかの課題，回復のプロセスと照らし合わせどのような意味を持っているのかについて，子どもの思いを汲み取りつつ，心理臨床家として自らの言葉で伝えることが重要である。さらにいえば，こうした情報が協働支援者らと共有されることについて，子どもがどのように感じるかを子どもとの間で丁寧に取り扱うことが，他者により自らの主体性を損ねられてきた子どもたちにとっては大切な治療的体験にもなり得る。施設で行う子どもへの心理療法における治療関係は，施設心理士との限定された2者関係としてとらえるのでなく，子どもへの支援にともにあたっている協働支援者を含めたものとしてとらえ，子どもがその関係のなかで大切にされ，守られていると実感できるような，守秘義務をはじめとした治療構造を築いていくことが肝要だろう。

日常生活場面で起きた出来事の取り扱い　施設で心理療法を行っていると，しばしば日常で起きた出来事を面接室のなかで取り上げようか否か迷う場面が出てくる。たとえば，クライエントである子どもが大きな事件を起こしたり，あるいは一時保護や措置変更など生活上の大きな岐路に立たされているような場合である。このような出来事は職員の1人でもある施設心理士も当然知っていると子どもも予想するだろう。こうした状況のなかで，その話題を面接時にこちらから持ち出すか，それとも子どもの自発的な発言に任せるか，迷いが生じる。子どもとの治療関係に照らし合わせて決めるという原則を越えて，施設やRWから「話を聞いてください」と求められることもよくあり，場合によってはその後のかかわりや対処の参考としての意見を求められることもある。

　これらの治療関係外からの要請を含め，このような場面への対応は，純粋に治療関係のあり方だけで決められない場合も多いだろう。触法少年などを扱う法務領域の心理臨床実践における考え方などを参考にしつつ，吟味を重ねていかねばならないだろう。どのような決断をするか，そして選んだ内容が正しかったかと考える施設心理士の迷いや葛藤は深く，事例検討やスーパービジョンでしばしば取り上げられる話題である。

面接の終了　施設における心理療法では，終結の時期が決めにくい。それは，子どもからの主訴にもとづいて治療を開始する場合が少ないことや，よいやり方であるとは思われないが，治療契約を交わさない場合も多いことなどが関係していよう。また，問題となっていた行動が変化しても，子どもが抱える課題が大きすぎるために大人側がまだ終われないという気持ちになりやすかったり，子ども自身も大人との個別の関係が持てる時間を大切に思う気持ち

が強いといった理由などが考えられる。そのため，終結するときは退園するときという事態も起きやすく，担当ケースが固定化してしまい新規ケースが入れられなかったり，多くの子どもの面接を行うために面接間隔が空いてしまうということが起きる。

　治療関係が終了しても日常の関係が続く施設という場では，ゆるやかに続く治療関係をイメージした心理療法の終結の工夫が必要だろう。たとえば，半年に1度の面接を継続していったり，担当RWを交えて「つなぎ」をイメージした面接関係への移行などである。終結せずに期間をおく方法や，他の援助者や場の力を借りながら関係をつなげていく方法など，施設ならではオープンエンドの方法を模索していかなくてはならないだろう。

(3)　生活場面での心理援助

　施設心理士に寄せられるニーズとして，個別心理療法の次に挙げられているのが，生活場面での心理支援である[30]。しかしながら，先に述べたように，生活場面での心理支援に困難を感じている施設心理士は多い。

　高田治は，情緒障害児短期治療施設での生活場面での心理援助について，「入所してくる子どもたちの特徴，施設の特徴を考慮すれば，生活を援助的な環境にする方法の方が，自然である」と述べている[31]。その具体的内容として，安心でき安らげる生活場面の雰囲気づくり，日常の生活や人間関係のなかにあらわれてくる出来事をとおしての自我の強化や補助，修正情動体験などを挙げている。施設やRWが期待している生活場面での心理支援とは，おそらくこうしたかかわりをイメージしているのではないだろうか。

　施設心理士が生活場面における心理援助を求められた場合に感じ

る抵抗や困難は、ほとんどの施設心理士が外来型の治療モデルを基本として教育を受けてきており、生活場面にかかわりながら行う心理支援自体が未知の領域であることがその一端となっているといえるだろう。現状では、初めからこのようなかかわりができるトレーニングを積んだ施設心理士はほとんどいないだろう。また、複数の心理士が在職している情緒障害児短期治療施設とは違って、児童養護施設で働く施設心理士は常勤職員が1人か、非常勤職員が2，3人程度で構成されていることが多い。イメージされているような生活場面のかかわりが行える人員配置とはいえない。またそれによって、施設心理士に指導者的なイメージが付与されることも免れ得ないだろう。

　施設では生活場面の心理支援を期待するのと同時に、子どもに対する心理療法への期待が最も高い。伝統的な心理臨床の考え方にのっとれば、子どもと日常生活のなかでもかかわりつつ、非日常的な場面である心理療法も行うことには葛藤が生じる。生活場面における心理支援を行うことで、心理療法が効果を発揮するための基盤であると考えられている匿名性や非日常性が危ぶまれる。

　一方で生活場面にかかわることの意義としては、日常的な子どもの様子を知ることにより子ども理解を深めること、場や生活の流れや決まりなどの広く子どもが生活している環境についての理解が深まること、そして子どもと職員や子ども同士の関係性について理解を深めることをとおして、環境を心理治療的なものに整えるための情報収集し、さまざまな心理支援に生かすことができるという意義があろう。それ以外にも、生活の様子を知ることが、心理療法や職員へのコンサルテーションに役立つことも多い。多くの施設において常駐している施設心理士が1人であるという現状をふまえると、

生活場面あるいは心理療法の場面にかかわらず，施設全体を心理支援的な環境に整えるというコミュニティアプローチ型の支援を検討することが施設心理士に課せられた第1の役割であり，そのためには子どもの生活の様子と子どもを取り巻く環境について理解することは必須のことといえよう。

5　職員のこころのケア

　藤岡孝志や伊藤嘉余子らの調査をみても，RWが抱えている心理的なストレスは大きいことがわかる。施設心理士に期待することのなかには，子どもへの心理的ケアだけでなく，RWの心のケアを望む声は高い。実際に短期間に離職していくRWの離職理由も，子どもとの関係や職員関係などから生じる困難が大きな割合を占めている。すでに述べたように，児童養護施設で働くRWの困難は，かつてないほど大きくなっている。

　施設にほぼ1人しか配置されていない施設心理士に対する期待として，子どもへの心理的ケアだけでなく，RWへの心理的ケアが期待されることは自然な発想であろう。施設全体の心理支援能力を向上させることが施設心理士に課せられた役割だと考えれば，RWのこころのケアを行うことにより子どもへの支援能力や職務遂行能力が向上することは，その目的を果たすことにつながるといえる。

　しかしながら，役割としてRWの心理ケアを行うことは，施設心理士にさまざまな葛藤をもたらす。

　たとえば，こころのケアの一貫としてRWの個人的課題や子どもとの間で生じた心的外傷体験の話を聞くことにより，現状でのRWのかかわりの限界を知ってしまい，子どもを中心とした適切

な助言がしにくくなるような場合がある。たとえていえば，RWと子ども双方のカウンセラーとなることで，利害の衝突が生じているように感じるといえば近いだろうか。RWからの相談は，業務遂行上にかかわる事柄にとどめ，個人的な課題については外部のカウンセラーへの相談を勧めたうえで，RWの心理的負担や課題を理解することで子どもへのより良い支援を検討することに活かすことが望ましいが，それには心理臨床家として一定の経験が必要となる。

しかしながら，この点を困難としてとらえるだけでなく，双方にかかわることをとおして，養育関係を支え，つないでいくような心理支援を検討することも重要である。

また，外来相談における親子面接と異なる点は，施設におけるRWと子どもの関係は，あくまでも職業としての養育関係であるという点だろう。施設心理士による施設における心理的ケアは，RWの個人的成長や心理的ケア自体を目的とするのではなく，RWの職務遂行を支え，子どもへのより良い心理支援を実現することを目的として行われる。子どもへの適切な心理的環境と関係の実現という目標をめざした結果，付属的にRWの個人的成長や必要なプロセスとして心理的ケアが果たされるということはあり得るが，目的と結果を混同してはならない。くわしくは第4章の心理コンサルテーションの項に譲るが，適切な心理コンサルテーションの考え方と技術を身につけることは，子どもと職員の心理的支援を行っていくうえで必須といえよう。

〈引用・参考文献〉
(1) 厚生労働省「平成17年度児童相談所における児童虐待相談対応件数

等」2007 年（http://www.mhlw.go.jp/bunya/kodomo/ dv 10/index. html, 2007/05/13）．
(2) 厚生労働省「児童虐待の現状」2006 年（http://www.mhlw.go.jp/bunya/kodomo/dv 02/pdf/deta/pdf, 2007/07/13）．
(3) 厚生労働省「社会福祉施設等結果の概況」2007 年（http://www.mhlw.go.jp/toukei/saikin/hw/fukushi/08/dl/ kekka-sisetu 5.pdf）．
(4) 加賀美尤祥「児童養護施設はどこに向かうのか」『季刊児童養護』Vol. 36(1)，2005 年，2‐3 頁．
(5) 青木豊「愛着研究・理論に基礎づけられた乳幼児虐待に対するアプローチについて」『児童青年精神医学とその近接領域』No. 47（1），2006 年，1‐15 頁．
(6) Herman, Judith *"Trauma and Recovery: The Aftermath of Viole— From Domestic Abuse to Political Terror"*, 1992（＝中井久夫訳『心的外傷と回復』みすず書房，1999 年）．
(7) 田嶌誠一『現実に介入しつつ心に関わる――多面的援助アプローチと臨床の知恵』金剛出版，2009 年．
(8) 田嶌誠一「児童養護施設における児童間暴力問題の解決に向けて：その 1――児童館暴力の実態とその連鎖」心理臨床研究会，2005 年．
(9) 田嶌誠一「児童養護施設における児童間暴力問題の解決に向けて：その 2――施設全体で取り組む『安全委員会』方式」心理臨床研究会，2005 年．
(10) 田嶌誠一「児童養護施設における児童間暴力問題の解決に向けて：その 3――『事件』等に関する資料からみた児童間暴力」心理臨床研究会，2005 年．
(11) 田嶌誠一（2007）「児童福祉施設における暴力問題の解決に向けて――児相と施設の『連携サポート』：特に一時保護の有効な活用を中心に」心理臨床研究会，2007 年．
(12) 藤岡孝志「児童養護施設における養育困難児童への対処に関する研究――レジデンシャル・マップの活用と愛着臨床アプローチ（CAA）を通して」『日本社会事業大学研究紀要』No. 56, 23-43 頁．
(13) 東京都社会福祉協議会児童部会「児童養護施設の心理職に関する調査の調査結果について」，2008 年．
(14) 厚生労働省「平成 17 年度実績評価書（6-6-Ⅰ：実績目標 2 被虐待児道

の受け入れ体制を整備すること)」2005 年 (http://www.mhlw.go.jp/wp/seisaku/jigyou/05 jisseki/6-6-1.html,2007/07/13)。
(15) 東京都福祉保険局少子社会対策部「児童養護施設職員の平均勤続年数」児童福祉審議会配付資料，2007 年 7 月 4 日。
(16) 同上書。
(17) 同上書。
(18) 加藤尚子「児童養護施設における心理療法担当職員の現状調査 (1)：基礎集計報告」社会事業研究所年報，No. 38, 2002 年，153-174 頁。
(19) 加藤尚子・鳩間亜紀子「児童養護施設における心理療法担当職員の現状調査 (2)」『社会事業研究所年報』No. 39, 2003 年, 1‐7 頁。
(20) 東京都社会福祉協議会児童部会「児童養護施設における児童の暴力問題に関する調査の調査結果について」，2008 年。
(21) 増沢高ほか『児童養護施設における心理職のあり方に関する研究』こどもの虹情報研修センター，平成 22 年度研究報告書，2011 年。
(22) 井出智博「児童養護施設・乳児院における心理職の活用に関するアンケート調査集計結果報告書」平成 21 年度科学研究費補助金「児童養護施設における心理職の活用に関する調査研究」，2010 年。
(23) 加藤，前掲書(18)。
(24) 加藤尚子「心理コンサルテーションに関する基礎的研究——虐待を受けた子どもの援助者への適用を目的として」『子どもの虐待とネグレクト』No. 8 (3)，2006 年，376-387 頁。
(25) 藤岡孝志編『これからの子ども家庭ソーシャルワーカー——スペシャリスト養成の実践 』ミネルヴァ書房，2010 年。
(26) 加賀美尤祥「社会的養護の担い手の課題と展望——養育論形成の序に向けて」『社会福祉研究』(103)，2006 年，38-46 頁。
(27) 加藤尚子「児童福祉施設における心理的援助に関する一考察」『日本社会事業大学研究紀要』No. 50, 2003 年，151-173 頁。
(28) 加藤尚子「児童養護施設における心理療法担当職員による心理的援助と課題」『コミュニティ福祉学部紀要』No. 7, 2005 年，1-11 頁。
(29) 髙田治『心理援助のネットワークづくり——"関係系"の心理臨床』東京大学出版会，2008 年。
(30) 加藤，前掲書(18)。
(31) 髙田，前掲書(29)。

(32) 藤岡，前掲書(12)。
(33) 藤岡孝志「児童福祉施設における職員の『共感満足』と『共感疲労』の構造に関する研究」『日本社会事業大学研究紀要』No.54，2007年，75-116頁。
(34) 藤岡孝志「共感疲労・共感満足と援助者支援（特集 児童養護施設職員のメンタルヘルス）」『児童養護』No.39（2），2008年，24-28頁。
(35) 伊藤嘉余子「児童養護施設職員の職場環境とストレスに関する研究」『社会福祉学』No.43（2），2003年，70-81頁。
(36) 加藤，前掲書(18)。

（加藤尚子）

第2章
施設心理士としての実践内容

　施設心理士の仕事内容や業務形態は施設によって大きく異なるといわれている。本章では，何人かの例を挙げて，実際に施設心理士がどのように仕事をしているかについてみていく。そして，2名の施設心理士の児童養護施設で働くことになった経緯とそのなかで考えてきたことを通して，施設心理士として働くということについて考えていきたい。施設心理士として働く過程での内的体験に関する話は，心理臨床家としてのライフコースという点でも参考になるだろう。

1 施設心理士の仕事の実際

1章において,調査をもとに施設心理士の姿を示したが,より具体的に施設心理士の勤務のスケジュールや仕事内容についてみていきたい。すでに述べたように,施設の規模や形態によって,施設心理士の仕事内容も異なる。ここでは,5人の施設心理士の勤務の概要をみていく。

▼施設心理士・Mさん

【プロフィール】
- 30代，男性，臨床心理士
- 雇用形態と年数：常勤的非常勤（週4日勤務），勤続年数8年6か月

【施設の概要】
- 定員：約70名
- 施設形態と生活の様子：中舎。居住棟，事務棟，体育棟で構成。4寮あり，1つの寮が2グループに分かれている。1グループ8～9名。主な居室は6畳和室に2名が暮らしている。高校生寮は3畳洋室を個室にして暮らす。
- RWの構成：各寮6名のRWが働く。RWは全員で27名（事務所，GH勤務を含む）。施設心理士は，月16日勤務の非常勤と，月6日のアルバイトが1名ずつ配置。その他，事務RW，栄養士，看護師，調理士などが勤務している。
- その他の特徴：近隣の住居を賃借し，GHを開設。児童定員は6名。3名のRWがローテーションを組み，支援している。

【仕事の概要】
- 年間の平均ケース数：10人程度
- 勤務時間：日勤8：45～17：30，遅番14：15～21：00

〈ある1週間の予定〉

日	月	火	水	木	金	土
〈休日〉	〈休日〉	〈遅番〉	〈休日〉	〈日勤〉	〈遅番〉	〈日勤〉
		各棟の現状把握 心理面接（夕方，夜） 棟にて食事	（ただしスクールカウンセラーとして勤務）	午前　会議 生活場面面接 コンサルテーション 心理面接	各棟の現状把握 心理面接（夕方，夜） 棟にて食事	生活場面面接 コンサルテーション 心理面接

〈代表的な1日の動き（平日の遅番）〉

9時	12時				17時			21時
	出勤・日誌閲覧	コンサルテーション	心理面接	生活場面面接	棟にて夕食	生活場面面接	心理面接	退勤

▼施設心理士・Aさん

【プロフィール】
- 30代，女性，臨床心理士
- 雇用形態と年数：常勤的非常勤（週4日勤務），勤続年数9年10か月

【施設の概要】
- 定員：約140名
- 施設形態と生活の様子：中舎。木々や草花があふれる広大な敷地内に，平屋の管理棟，2階建ての児童棟が点在。1ユニットに児童8名（男女混合縦割）が生活している。各ユニットには，子どもの居室が4室，洗面所，浴室，トイレ，キッチン，ダイニングがあり，より家庭的な雰囲気のなかで子どもたちが生活できるよう配慮されている。児童棟は3棟あり，1棟に4ユニットが入っている。そのほかに，自立を間近にひかえた高校生のための自立支援寮（男女各8名）が1棟ある。
- RWの構成：1ユニット3名のRWでローテーションを組んでいる。グループホームを含めRWは51名。各児童棟統括が4名。事務所にFSW，個別対応スタッフを兼任する職員が2名。施設心理士は2名（常勤1，非常勤1）。その他，事務職員，栄養士，看護師，調理士などが勤務している。
- その他の特徴：本園の他に園外に3つのグループホームがある。地域子育て支援事業の一環として，ショート・トワイライトステイも受け入れている（専用棟で専属のスタッフが対応）。

【仕事の概要】

■ 年間の平均ケース数:30人程度

■ 勤務時間:日勤8:45～17:30,遅番14:45～21:30

〈ある1週間の予定〉

日	月	火	水	木	金	土
〈休日〉	〈休日〉	〈休日〉	〈日勤〉	〈日勤〉	〈遅番〉	〈遅番〉
		(他機関にて乳幼児健診後のフォロー教室心理相談員として勤務)	各種会議 コンサルテーション 心理面接 3ケース 生活場面面接	各種会議 コンサルテーション 心理面接 4ケース 生活場面面接	処遇記録閲覧 心理面接 1ケース 夕食同席 心理面接 2ケース	心理検査 G・H昼食同席 コンサルテーション 心理面接 4ケース

〈代表的な1日の動き(平日の日勤)〉

8:45			12時		15時	16時	17時	18時	19時
出勤・育成誌閲覧	朝会	コンサルテーション等	昼休憩		関係者会議	心理面接	心理面接	心理面接	面接記録	退勤

▼施設心理士・Nさん

【プロフィール】
■ 30代，女性，臨床心理士
■ 雇用形態と年数：常勤的非常勤（週4日勤務），勤続年数9年11か月

【施設の概要】
■ 定員：約70名
■ 施設形態と生活の様子：中舎。児童棟は，2階建てで，1棟が左右対称の2寮からなり，全部で4棟ある。うち1棟は男子のみ，残り3棟は男女混合縦割り。寮の居室は，個室6室と8畳の和室1室で構成されている。管理棟には，事務室，調理室，会議室，保健室，図書室，子どもの学習会を行う学習室，PCを利用するOA室，営繕室がある。また，敷地内RW公舎の建物内に，心理室，親子宿泊室，自活訓練室がある。
■ RWの構成：1寮に常勤2人と非常勤1人の3人で，合計24人。担当寮を中心に，1棟6人でローテーションを組む。ほかに，園長，養護係長，管理係長，自立支援スタッフ，看護師，栄養士，事務職4人，営繕職，調理6人，心理職2人。異動あり。
■ その他の特徴：広大な敷地内に，体育館，プール，グラウンド，テニスコート，円形劇場型広場，公園と設備が充実している。児童養護施設としては，個室が多いことが特徴である。個室は2階にあるうえに，主にロフト付きのため，プライバシーが守られる反面，死角が多い。1階和室は2人部屋のため，年齢，性別に配慮が必要である。

【仕事の概要】

■ 年間の平均ケース数：24人程度

■ 勤務時間：日勤 8：45～17：30，遅番 14：45～21：30

〈ある1週間の予定〉

日	月	火	水	木	金	土
〈日勤〉	〈日勤〉	〈遅番〉	〈遅番〉	〈休日〉	〈休日〉	〈休日〉
個別面接 グループ療法 個別面接	会議 コンサルテーション 個別面接	ペアレントトレーニング 個別面接	コンサルテーション 個別面接			

〈代表的な1日の動き〉

9時		12時			17時			21時
電話連絡	会議	→	昼食	会議	→	コンサルテーション	個別面接	〈日勤〉
			〈遅番〉	個別面接	コンサルテーション	個別面接	夕食	個別面接

▼施設心理士・Dさん

【プロフィール】

■ 20代，男性，臨床心理士
■ 雇用形態と年数：常勤（週5日），勤続年数1年5か月

【施設の概要】

■ 定員：約50名
■ 施設形態と生活の様子：大舎とGH2舎，中規模ユニット。本園は居住棟，事務棟，ホールで構成。本園は男子寮18名，女子寮13名に分かれている。主な居室は6畳ほどの和室に約2名が暮らしている。
■ RWの構成：男子寮7名，女子寮5名＋1名（パート）が働いている。RWは全員で36名（事務所，GH勤務を含む）。施設心理士は，常勤1人と，週2日の非常勤が配置。その他，事務職員，栄養士，調理士，個別処遇職員など。
■ その他の特徴：住居を賃貸したGHがあり児童定員は6名。3名の職員がローテーションで支援。本園隣に中規模ユニットがあり児童数現在11名。4名＋1名（パート）がローテーション。さらに現在リフォームに加えもう1つGHが開設。今後職員，児童の変動あり。

【仕事の概要】

■ 年間の平均ケース数：14人程度
■ シフト制・日勤9：00～18：00，遅番12：00～21：00

〈ある１週間の予定〉

日	月	火	水	木	金	土
〈休日〉	〈休日〉	〈遅番〉	〈遅番〉	〈日勤〉	〈遅番〉	〈日勤〉
		各棟の現状把握 心理面接（夕方） 棟にて食事	各棟の現状把握 心理面接（夕方） 棟にて食事	午前：会議 生活場面面接 コンサルテーション 心理面接	各棟の現状把握 心理面接（夕方） 棟にて食事	生活場面面接 コンサルテーション 棟にて食事 心理面接

〈代表的な１日の動き（平日の遅番）〉

9時	12時			17時				21時
出勤・日誌閲覧	コンサルテーション	(他寮へ赴く)	心理面接	心理面接	棟にて夕食	生活場面面接	記録づくり	退勤

▼施設心理士・Hさん

【プロフィール】
- 30代，男性，臨床心理士
- 雇用形態と年数：常勤的非常勤（週3日勤務，1日8時間），勤続年数5年4か月

【施設の概要】
- 定員：約50名
- 施設形態と生活の様子：中舎とグループホーム（GH）2舎。本館と児童棟に分かれ，児童棟1Fには2つのユニット（低学年男子・高学年男子），2Fにも2つのユニット（未就学児・小学生女子）。本館は1Fに事務所・中高生男子ユニット・2Fに心理室と中高生女子ユニットから成る。各ユニットは6名ずつ。その他同学区地域に2つのGH（男女混合・縦割り・定員6名）を持つ。
- RWの構成：施設長・ファミリーソーシャルワーカー（FSW）・主任兼指導員2名・RW 26名（非常勤7名含む）・栄養士1名・調理師4名・心理士3名（非常勤）・事務1名。
- その他の特徴：外泊や面会の多い日曜日に家族担当心理士が勤務，子どもの育ちの根幹を支えるRWやソーシャルワークを担うFSWとともに，心理的援助を担う家族担当心理士，子ども担当心理士が家族支援に取り組んでいる。

【仕事の概要】
- 年間の平均ケース数：18〜20人＋家族面接
- 勤務時間：日勤10：00〜19：00，遅番13：00〜22：00

第 2 章　施設心理士としての実践内容

〈ある1週間の予定〉

日	月	火	水	木	金	土
〈日勤〉	〈休日〉	〈休日〉	〈遅番〉	〈休日〉	〈遅番〉	〈休日〉
心理面接 グループ 家族面接 コンサルテーション	虐待研究・研修機関で非常勤研究員として勤務 夜：GSV/研究会等参加	SCとして勤務 夜：大学心理相談室にてケース担当	午前：大学講師 午後：施設勤務 心理面接・生活場面面接・コンサルテーション	虐待研究・研修機関で非常勤研究員として勤務	会議・コンサルテーション 外部機関（児相・学校等）連携	家族療法の研究所にてトレーニング

〈代表的な1日の動き〉

9時					12時						17時				19時
子どもの生活日誌閲覧	心理面接	子どもと昼食	心理面接	心理面接	グループセラピー	心理ボランティア振り返り	家族面接	家族面接	記録作成・FSW会議	退勤					

2 施設心理士になるまで，なってから

次に，2人の施設心理士の施設心理士になるまでとその後の経験，そしてそのなかで考えてきたことを通して，施設心理士としての内的な体験を考えていきたい。ほぼ初めての心理職として，開拓的にどのように仕事をつくり上げてきたか，どうやって生きのびてきたのかみていきたい。仕事の内容と関連して，自分自身の生育歴を振り返ったり，仲間との関係の持ち方などを重視したりするなどの，施設心理士により特徴的であると思われる心理臨床家としての体験の一端を知ることができる。また，広く心理臨床家としての成長やライフコースという点からも，参考になると考える。

(1) 施設心理士・Hさん
▼施設心理士になるまで

児童養護施設で働いていると，時に大きく感情をゆさぶられる経験をする。逆に感受性が鈍磨していく感覚に陥ることもある。丁寧な仕事をするには？ と考えてみると，①自分自身を振り返ること，②起きていることを丁寧にみること，③一緒に仕事をする子どもや家族やRWは何をみてどう感じているのか聞いてみること，④学ぶ機会を持つこと，⑤仲間を持つこと，などがまず浮かんでくる。こんなことを念頭に置きながら，自分の仕事を振り返ってみたいと思う。

私は，祖母，父，母，長男，次男，私の6人家族で育った。祖母は戦前から戦後にかけて産婆さんをしており，地域には祖母が取り上げた赤ちゃんがたくさんいた。子どものころ，知らないおじさん

に「あなたのお婆ちゃんに取り上げてもらったんだよ」と話しかけられた記憶が思い出される。そのおじさんの笑顔をみて，何だか誇らしい気分になったのをよくおぼえている。また母方の祖父は戦後早くに亡くなっていたので，祖母も母も随分と多くの人に助けられて育ったと，よく聞かされた。地域の人に感謝される体験，祖母や母が感謝を語る姿は，私が施設のRWや関係機関，家族と協働するときに役立っているだろうと思う。どこか呑気に「困ったら助けてくれる人がいる，世のなかには結構良い人が多い」と思っているところがある。人の悪意や頼りなさより，善意やストレングスの方に目がいくことは，多くの人のなかでの仕事を随分やりやすくしてくれているように感じている。

　両親はともに教員で，父は社会科，母は養護教諭であった。父からは，事象から目を逸らさず，疑問を持ち，知ろうとすることの大切さや公平さの視点を伝えてもらったように思う。これは，私が学び続けようとしていることや，家族内や施設内の公平さに開かれた視点を持つことに影響しているのだろうと思う。母からは，より直接的な影響を受けたと思う。母のもとには，精神疾患を患った教え子から電話がかかってきたり，定時制高校に働きながら通う高校生たちが夕飯を食べに来たりしていた。まだ小学校低学年だった私は，高校生のお姉ちゃん，お兄ちゃんに遊んでもらっていた。そのなかには家庭での虐待から逃げてきて，自ら働きながら定時制に通っていた人もいたという。祖母，母と続いてきた他者をケアするという流れは，私が臨床心理士という職を選んだことに影響を与えているのだろうと思う。

　大学院修士課程に入ると，病院実習，大学の相談室での子どもとのプレイセラピー，親面接などを経験するようになった。「こころ」

を使って出会うこと，子どもには意思があること，主体性を尊重することなどの，子どもと会うときの基本的な姿勢を学んだ。このころは，子どもの心理療法に最もやりがいと面白さを感じて夢中になっていた。修士課程の2年の春に，すでに児童養護施設で働いていた先輩から，近隣の施設が男性心理士を探していると紹介され，児童養護施設に勤めることになった。

▼施設に戸惑いながら居場所を作る ── A君との出会い

施設には1年前に入った女性の心理士がいて，私は2人目の心理士として施設に入ることになった。施設長や前任の心理士，RWに随分と配慮してもらい，仲間に入れてもらったように思う。当初は，個別心理療法のみを担当すれば良いということだったので，心理として大学院教育で学んできた枠組みに守られたなかでやっていた。それでも，現実には圧倒され，悩みつつ，子どもの話をただ一生懸命聞くだけの1年だった。

そんななかでこの仕事へのやりがいを感じるきっかけとなった高校生との出会いがあった。A君は当時高校3年生で，あと1年で施設を退所し，自立するという年齢だった。彼が施設に来たのは中学1年生のときで，お母さんが入院したためだった。そして中学2年生のときにお母さんは亡くなり，彼は自分の力を頼りに生きていかなければならなくなってしまった。彼は施設のなかで，年下の子たちからも好かれ，バンドのリーダーとして他の子たちを良くまとめ，問題なく過ごしていた。彼との面接では，彼がバンドでつくる歌の話ばかり聞いていた。彼の書く歌詞はいつも"見えないものにメッセージを届ける"というテーマだったので，そのことを伝えてみると「お母さんのことと関係しているのかな。歌もお母さんがよく歌

っていたんだ」と教えてくれた。そしてそれまでお母さんのことを一切悪くいわなかったＡ君が「(癌で亡くなった)お母さんが最後までタバコをやめなかったんだよね。もし俺のこと本当に考えていたら，タバコやめてくれたんじゃないかと思う」，「でもね，俺もやめてっていえなかった」と，ため息まじりに静かに話した。言葉に詰まる思いで「お母さんに期待していたんだね」としかいえなかった。帰りの車のなか，彼の，人生を引き受ける覚悟のようなものに触れ，「自分に何か役に立てることはあるのだろうか」と頭を巡らせていたことを覚えている。9月になるとＡ君から「心理の時間を変えてほしいんだ。施設を出るまでに100万円貯めなきゃいけないからさ，アルバイトを夜10時までにしたいんだけど」。そして少し申し訳なさそうに「心理は続けたいからそれからでもいいですか？」と申し出があった。高校生で100万円貯めて自立しようとしている彼の姿に，ひどく心を動かされ，それからは1人暮らしにはどれくらい生活費がかかるかなどを2人で話し合う時間が増えていった。来談型の面接室ではあまりみえていなかった日常生活の重要性に気づいた体験だったのだと思う。いよいよ退所を迎えるときに，「退所したら何をしたい？」と尋ねると，「お母さんのお墓をつくりたい。それと免許を取ってお母さんと暮した町に行ってみたい」と話してくれた。そして彼はRWに感謝の言葉をいっぱい述べて，退所して行った。日常生活を支えるRWの力，子どもにとってのRWの存在の大きさに目が開かれた体験だった。彼との出会いをきっかけに，「誠実に自分の人生を引き受け生きていく姿を覚えている人がいる」ということが，わずかながら意味を持つこともあるのかもしれないと思うようになった。

▼コンサルテーションの第1歩

　2年目になると担当する子どもの数も少しずつ増え，10歳以前の，より年少の子たちも担当し始めた。同僚の心理士とも施設全体のなかで心理に何ができるか話しあうことが増えていった。生活の重要性を感じ始めていたので，心理面接で感じたことをRWに伝えてみたりしたが，いま思えば随分と一方的なコンサルテーションだったと思う。発想としては個別心理療法の枠組みを出ていなかったので，1人の子どもの状態について「今はこんな風なことが必要かもしれない」という類(たぐい)の伝え方をしていただろうと思う。それでもRWは子どもたちのために一生懸命聞いてくれたが，その子の隣には別のケアを必要としている子がいて，それを少ない職員配置のなかで行っているという現状を考慮することなく，担当している1人の子どもの利益しか考えずに伝えていたのだから，RWにとっては"やりたくてもできないこと"をいわれるような体験だったかもしれない。それが修正されたのは，他の臨床現場で体験したことがきっかけだった。そのころ，個人的には大学院の博士課程に進学し，スクールカウンセラー（以下，SC）もするようになっていた。SCとして小学校に派遣された当初，先生の方から「〇〇で困っているんですけど，どうしたら良いですか？」と尋ねられ，専門家としてのアイデンティティを確立する時期でもあった私は，「"専門家として"何か応(こた)えなければ」と思い，一生懸命理解を伝えてみたが，先生の表情は曇ったままだった。"あれ？　これは何か違うな"と感じて聞いていくと，先生のニーズは"教えてほしい"ではなくて，"自分なりにいろいろやってきたんだけど，うまくいかずに困っている"ということだったのだと気づいた。「先生はどうされてきたんですか？」と尋ね直すと，さまざまなアイデアと努力が語られ，

それを話したあと、曇った顔がやっと晴れた。そのようなニーズを聞き取るという別の臨床現場で摑んだ手ごたえによってコンサルテーションが随分身軽に行えるようになった。

▼家族支援へのかかわり

　また年少の子どもたちは、思春期以降の男の子たちより包み隠さず、怒りや悲しみや大人への不信感を訴えてくれた。小学校1年生の男の子は、「お母さんも間違っちゃったのかなあ。僕叩かれたことがあるよ」と話してくれた。何とか親を赦そうとしているようだった。またある子は、心理士の〈自分で決めていいよ〉の言葉に怒りながら、「僕に決められるわけがない！　いっつも大人が勝手に決めるんだ。僕だってお家に帰りたいのにさ、お母さん来ても何もいわずに帰っちゃうんだ」といった。大変な扱いを受けていても、親を心配しケアしたいと思っている子どもや、家族のことを知りたいと思っている子どもたちの声を聞いているうちに、子どもと家族をつなぐ場をつくる必要性を強く感じるようになった。それまでも施設長やベテランRWが親と会い、かかわりを持っていたが、子どもが親に問う機会をつくることや親の事情を知ることなどに心理士がかかわれるかもしれないと思った。この辺りは、親と子どもの関係性において仕事をした精神分析家のウィニコット（Winnicott, D. W.）やドルト（Dolt, F.）、多世代派の家族療法家であるボゾルメニ・ナージ（Boszormenyi-Nagy）の考え方に随分勇気づけられた。[1][2]しかし同時に子どもを担当している自分には随分難しい仕事になるかもしれないという思いもあったので、施設長に家族担当の心理士の導入を打診してみると、「やってみよう」といってくれた。施設長は、心理職が他職種のニーズで動くだけでなく、心理の専門家と

してみえてきたニーズを責任持って実践していくことを後押ししてくれたように思う。実際子どもと一緒に家族と会うようになると(「第3章 施設心理士による家族支援」参照),思うようにはいかないことがたくさんあった。多くの人が集まる家族面接のなかで身動きが取れず,子どもに対して申し訳ない気分になることもあった。また親とつながるために共感を伝えようとすると,傍らで聞いている担当の子どもの気持ちが気になり,裏切るような感覚に陥ったりもした。逆に子どものために動こうとすると,必要以上に親にチャレンジするようなことになってしまいそうだった。家族と子どものことを考えるには,きちんとしたトレーニングが必要であると考え,家族療法を中心とした研究所に足を運ぶようになった。日頃からお世話になっている恩師がその研究所にかかわっていたことも敷居を低くしてくれた。そこで多くの先生や先輩から学ぶことで,家族のなかで少しずつ動ける感覚が持てるようになったように思う。またシステム論が身につくにつれ,施設全体や学校や児童相談所など,関係機関の多層なシステムのなかで動きやすくなっていくのを実感した。

▼施設全体を見わたして

　家族支援にかかわるようになると,児童相談所との協議や,子どもの通う学校,RWと話しあったりする時間が飛躍的に増えた。学校へのコンサルテーションは,被虐待児の入所が増加し,学校でさまざまな問題行動をみせるような現状では重要な役割となってきている。RWとは一緒に家族面接に臨むので,同じものをみて話し合うことで共有するものが増えた。RWと一緒に子どもの育ちを支える役割を持つようになると,横にいるRWの疲労感やニー

ズ，本当はもっといろいろやってあげたいのにできない現状など，その息づかいが伝わってくるようになった。比較的心理士には制約のない時間があるため，全体を見わたして「今この人に随分負担がかっているなあ」と思えば足を運び，声をかけるようにした。そのようなかかわりのなかで，RWから"もっと学びたい"というニーズも出てきたため，施設内研修のファシリテートなども担うことになった。きびしい人員配置や被虐待児への対応を学ぶ機会の少なさなどを考えると，学びやRWをエンパワーする役割も施設全体のケアと養育機能を高めるうえで重要な役割と感じている。「心理士が！」と肩肘を張らず，施設全体を見わたしている何人かと手を組んでできると良いのだろう。

▼仲間とともに

　これまで描いてきたプロセスは1人でやってきたわけではない。施設のなかには，一緒に子どものことを考えるRWやさまざまなチャレンジを支えてくれる管理職，一緒にいろいろ考え実践してきた心理士がいた。また幸いにも児童虐待の専門研修および研究機関に研究員としてかかわる機会を持てたので，そのなかで児童養護施設にいるだけではみえてこない児童福祉領域全体も視野に入ってきた。児童養護施設や児童自立支援施設，情緒障害児短期治療施設に勤める施設心理士仲間に随分助けられた。また，私たちの実践にアドバイスをくれたり，おもしろがってくれる先生に恵まれたことも幸運だったと思う。髙田治が「個々の施設の理念や様々な条件から，その施設特有の援助を考え，その中で各専門職がどう専門性を生かしていくことを考えていく方が（中略）実際的であると思う」と述べている。[3]家族がさまざまであるのと同じように，さまざまな歴史

や文化を持った施設というシステムのなかで施設心理士として役割を広げてくるプロセスは，若手の心理士にとっては心理のアイデンティティを確立するプロセスでもあった。そのプロセスを一緒に共有してきた仲間や先輩がいたことは，随分と心強いものだった。

　追記：先日，施設の夏祭りに来たA君は，立派な社会人として働いていました。「A君が頑張ってやってきた姿，本に紹介してもいい？」と聞くと，「光栄です（笑）」とよろこんでくれました。誠実に一生懸命生きていく姿をみせてくれ，このような形で紹介することを許可してくれたA君に感謝します。

（2）　施設心理士・Nさん

　私は，児童相談所のボランティア活動をしたことをきっかけに，児童相談所の職員から紹介され，施設心理士になった。常勤的非常勤の施設心理士として働き，施設には月に16日，そのほかに小児科クリニックでのセラピー，スクールカウンセラー，保健所の1歳6か月児，3歳児健診の心理相談を行っている。施設心理士として現在の施設で働き出して10年になるが，子どもの心理療法，RWへのコンサルテーション，他機関との連携を柱に仕事をしている。本項では，そうした仕事の内容とともに，施設心理士としてのスタンスや実践のなかで感じていること，生きぬくコツなどについて述べたいと思う。

▼施設心理士としての仕事内容

子どもの心理療法　　個別面接は，1回50分で週1回～月1回の頻度で設定し，プレイルーム（以下，PR），あるいはカウンセリングルーム（以下，CR）にて，プレイセラピー，箱

庭，描画，工作，音楽などの諸活動を通じた心理療法，カウンセリングなど，子どもの年齢，希望，状態に応じて行っている。

面接対象者は，毎年度末に次年度分として，RW，児童相談所からの依頼，子どもの希望をもとに，抽出する。最終的に，本人含めRW，児童相談所の児童心理司，必要であれば保護者の同意と目標を確認したうえで，決定している。

かかわる大人が個別面接を必要だと思っていても本人が抵抗を示すこともあるが，それでもなお必要性が大きいと判断した場合は，寮や園庭など本人がいる場所に出向く（生活場面面接）。PRやCR内にTh（セラピスト）と2人きりになるのは抵抗があるが，寮や園庭でならいいという子もいれば，体育館やグラウンドでスポーツをしたいという子もいる。また，夕食は順番に各寮の食卓で子どもたち，RWと一緒にとる。

以上のように，施設心理士が生活場面に出没することに制限は設けていない。

個別面接対象者のほかに，入所時はすべての子どもにかかわっている。多くはないが，児童相談所一時保護所への事前面接に必要に応じて同行する。入所当日は，顔合わせに立会い，観察と必要事項の聞き取りを行う。この際，施設心理士のかかわり方について児童相談所の見解があれば確認する。その後，施設での生活に慣れたころに，CRにて面接を行う。この面接では，場所（CRとPR）と人間（施設心理士の仕事）の紹介をしたあと，本人が入所理由や今後の見とおしをどのように考えているか，リソースなどについて質問し，確認する。このときに，被虐待体験や「悪い子の自分」が語られることが多く，「あなたは悪くない」と伝える最初の機会となる。

また，例年，小学校中学年を対象としたグループ療法を実施して

いる。日曜午後90～120分，前半にセカンドステップ，後半にグループ活動を行う（第3章参照）。

その他，長期休暇中の空き時間には，個別面接の対象に至っていないが強く面接を希望している子どもに，単発で個別面接を実施している。

子どもとのかかわりはすべて，記録に残し，RWが見られるようにしている。

RWへのコンサルテーション，会議への出席　RWへのコンサルテーションは，年々比重が高まっている仕事である。私は，通常は事務所にいるため，所用で来たRWと立ち話のような雰囲気で話をすることが多い。

ほかに，月1回小児精神科医による出張医療相談の調整を行う。初回は問診票を作成し，時間を割り振り，RWの相談に同席して記録をとっている。また，ペアレントトレーニングについても調整し，毎回RWが宿題に取り組むサポートをしている。

年に4回の事例検討会をはじめ，施設全体を網羅した会議に月3～4回出席するほか，毎月1回，まる1日かけて行われる各棟の会議に出席する。RWの依頼により，棟会議のなかで1時間程度与えられ，資料を用いてワークを行ったこともある。その他，RW研修の講師を担当している。

また，心理実習生の担当として，実習内容を調整し，一緒に振り返りを行い，実習日誌への所見を記入する。社会福祉実習生に対しては，90分講義を行う。

児童相談所，学校，病院との連携　個別面接の対象児，入所児については，児童相談所の児童心理司と直接連絡を取って情報の共有化を図っている。児童福祉司と児童心理司，

時には保護者を交えて行う関係者会議には、必要に応じて出席する。学校、病院との話しあいにも、必要に応じて出席する。

　以上、すべてをこなしても、それぞれの予定がびっしりつまっているのでなく、余裕や「遊び」の時間があるのが望ましい。立ち話はRWのみならず、子どもがぶらっとやって来て、廊下のソファで雑談したり、落とし物を一緒に探したり、パソコンの使い方を教えたりすることも、子どもたちとの信頼関係づくりにとても大切だと考える。

▼施設心理士としてのスタンス

　施設に入ってまず、自分が組織にとって異物であることを自覚し、当初は、ジョイニングに努めた。とにかく、なじみやすく、親しみやすい存在となることを心がけた。

　そのうえで、主役は子どもで、RWは準主役、施設心理士は脇役であることをいつも頭の片隅においている。会議の後「さっきの話、良かったよ」、「説得力があった」などといわれると、素直にうれしくなりつつも、反省する。「私、今いいこといってる」という気持ち良さに浸(ひた)らないよう、いつもどこかで冷静な目を保っていたいと思う。

　それと同時に、言葉は大切だが、それだけに偏(かたよ)らないよう気をつけている。自分にとって慣れて台詞(せりふ)となっている言葉は、時として上すべりし、聞き手には届かなくなる。また、正しいこと、説得力があることよりも、役に立つかどうか、やってみようという意欲と手立てにつながるかを重視している。

　そのために、話を聞くときは、具体化(「彼女のどんな行動がムカついたのか？」)、外在化(「イライラはどういうときにやってくるの

か？」),例外探し(「いっつも？」,「絶対？」,「ないときはない？」)を念頭に,話を聞くことが多い。

　子どもに対しては,とにかくいま生きていることから支える。そして,本当は心の奥底では良くありたいと思っているのだと信じることから始め,最終的には未来に希望を持てるようになることを願っている。

　芹沢の「イノセンス(根源的受動性)」の考え方によれば,子どもの暴力は「こんな人生引き受けられない」という叫びだという。[4] そう考えると,どんな症状も問題行動も「無理もない」,そして「今日までよく生きてきたね」と自然に思えるようになる。しかし,このように考えていても,つい先ほどの子どもの試し行動に感情的になり怒りを訴えているRWにたいしては,安直に自分の考えを押しつけることはできないと思う。RWは,施設心理士である自分の時間感覚では想像を超える長時間にわたって,8人,時には16人もの子どもを,衣食住すべてに気を配って,生活の場という最も制約のゆるい現場でみているのである。

　子どもの治療には,いつも何かしら迷いがある。心理士として施設に入った当初,研修で聞いた「(この現場は)クライエント中心療法では足りない」という言葉がとても印象的だった。その後,「本人にその準備がないのに被虐待のテーマを掘り返してはいけないが,取り扱いたくなったら,いつでも耳を傾けるよという姿勢」を基本としているが,言うは易く行うは難しである。最近「つらくても頑張ろう」,「回復には必要なんだよ」と励まし,より強く方向づけるやり方を耳にすることが多くなったように思う。自分としては,バランス感覚を大切に,子ども本人をよくみてかかわりたいと思っている。

▼実践のなかで感じていること

　そもそも「虐待」,「児童養護施設」の現場について, 無知な状態で入ったため, 当時の子どもとRWには申し訳ない気持ちがある。

　10年前は, 不登校に対する中学校の対応が今のようには整備されておらず, 苦労した。性虐待被害で入所していた中学生のBさんが, 泣きわめいて嫌がるのを学校に連れて行ったという報告を聞いたときは, 肉食獣の檻に兎を放り込んでいるようないたたまれない心地がした。

　専門家として頼りなかったであろう私に, 当時のRWはいろいろなことを教えてくれた。何人ものRWに, 本や勉強会を紹介してもらったのだが, おどろいたことに, そのうち何人かのRWは, 早朝から車に乗り合わせて大学の授業に出ていた。また, ロール・プレイングを行う「カウンセリング研修会」を長年継続し, その内容が出版もされている。(5)そういうわけで,「コンサルテーションは, スーパーヴィジョンと違ってコンサルタントが斜め下……」などと肝に銘じる必要もなく, RWに尊敬の念を抱きながら, 彼女らの仕事について聞かせてもらう関係を築けたことを, とてもありがたく思っている。

　中堅女性RWのCさんは, 子どもが遊びから食事に気持ちを切り替えることが望まれる夕食前の時間帯について,「どうしてCさんのときはスムーズなのか」と問うと,「わーっと遊んでるようにみえるけど, ふっと凪が来るの。そのとき声をかける」と話してくれた。

　若手女性RWのDさんは, 不登校気味の小学生のEさんのために, 一晩かけて立方体を組み合わせたパズルを手づくりした。朝起きたEさんが, 宝探しの要領で立方体をみつけては「着替える」,

「ご飯を食べる」……と，書かれた内容を実行して行き，4つの立方体を揃えて並べると「行ってらっしゃい」の文字となる。可愛い絵がついていて，見るだけで楽しくなる。このような話を見聞きすると，その丁寧できめ細かいまなざしに加え，創造性の豊かさ，日常に根差した愉しみの感覚に，ただただ感嘆してしまう。

　私の働いている施設は，園長が事務職で2，3年ごとに代わる。「あんなに生意気だと叩きたくもなるよね」などは，異動して来たばかりの園長の一般的な感想である。入所したばかりの幼児のFくんは，園内で出会うと興奮気味に笑いながら，力まかせにパンチして来るのが挨拶代わりだった。同じ悩みを抱えていた園長と私とで話しあい，「私をみつけて，僕ここにいるよって知らせたくなったら，ここ（腕）トントンしてごらん」ということにした。ほどなくして，痛いパンチが「ねえねえ！　トントンしないもんねー」に変わった。

　営繕室も，子どもがよく出入りする。家を建てることもできるベテラン営繕職のGさんに，自転車や大切な物を修理してもらうためだ。Gさんが作業する傍に，よくおしゃべり大好きの中学生のHくんがくっついて話している。同年代の同性集団に入りづらく，RWからもしつこくてうんざりされがちなHくんである。

　かつては「専門家じゃないから」と子どもと距離を置いていたGさんに，私はずっと「もったいない」ということしかできなかった。あるとき，若手男性RWのIさんが，Gさんと相談しながら共同で工作教室や陶芸教室を開くようになり，気がつけばGさんの傍に子どもが集まるようになっていた。

　研修や事例検討会には，RWや看護師のみならず，栄養士や事務職も出席する。見守る大人の目が多いほど，子どもは安心して生

活できるように思う。

　私自身についていうと，施設に入ってから無我夢中に数年過ぎたころ，自分の仕事に何の意味があるのだろうかという思いに陥った(おちい)ことがあった。砂漠に水を吸い込ませるような徒労感と無力感に襲われた。今思えば燃え尽きかけていたのだろうが，つつがなく繰り返される施設の日常に触れるうち，それでもあきらめないしぶとさが育ったように思う。

　ある日，中学生のJくんの家庭引取りに際して，新人女性RWのKさんが「(こんなに準備が整っていないのに)帰しちゃうんですね」ともらしたことがあった。別れのときの感傷といってしまえばそれまでだが，たしかに1年目に私自身も感じた疑問だった。その後，Jくんは家庭不調で戻って来た。Kさんの感性に感心するとともに，自分の感覚が慣れて錆びついているのではと身が引き締まる思いがした。

　10年目にして思うのは，長くいることの意味である。毎年，お盆や年末年始には卒園生が何人も顔を出す。異動のある私の勤務施設において，彼らが会いに来るのは，固有名詞のだれだれさんである。自立支援施設に措置変更となった子どもや，何年も前に家庭に引き取られ，今になって家族関係不調で一時保護されている子どもが，「○○(施設名)に帰りたい」といっていると耳にするようになった。施設を出た子どもに限らず，今いる子どもたちにとっても，「小さいころの私を知っている人」，「思い出を共有し，成長をよろこぶことができる存在」になるほど，子どもにとっては重みのある年月であることに，改めて思い至った。

▼**生き抜くコツ**

　施設心理士としていき抜くコツとは――小さな変化によろこぶこと。基底が損なわれているような深刻なケースでも、リソースに目を向け、ユーモアの生まれる余裕を持ち、かつ、その両方を見わたせるバランス感覚を保つ。実際、日々成長する子どもの姿は感動的で、だからこの仕事を辞められないのだと思う。

　そして、良き師、同僚、後輩を積極的に求めること。仲間は、時に私のセラピストであり、知恵の宝庫である。尊敬する友人の話、「子どものなかには宝物が埋まっているが、まだ発見されていない。親と先生は、それぞれその宝物の地図の一部を持っている。お互いが持っている地図を持ち寄り、それらを合わせて初めて、宝物のありかがわかる」には、私たちの仕事が凝縮して表現されている。

　最後に、自分の心身をいたわり、大切にすること。私の場合、人と話す、本を読む、映画を観る、旅に出る、自然に触れる、甥っ子と遊ぶ、好きなチームを大声で応援する。そして、ゆっくり休む、眠る、ヨガをする、マッサージに行く。

　施設心理士を志す若い人たちが、しぶとく長く生き残ることを願ってやまない。

〈引用・参考文献〉
(1) ウィニコット,D. W./牛島定信監訳『子どもと家庭――その発達と病理』誠信書房,1984年。
(2) フランソワーズ,ドルト/小川周二・織田年和・加藤伊律子・鈴木國文・山縣直子訳『無意識の花人形――子どもの心的障害とその治療』青山社,2004年。
(3) 中釜洋子・齋藤憲司・髙田治『心理援助のネットワークづくり――"関係系"の心理臨床』東京大学出版会,2008年。

(4) 芹沢俊介『現代〈子ども〉暴力論(増補版)』春秋社,1997年。
(5) 伊東正裕『福祉現場のロール・プレイング――「カウンセリング研修会」の活動から』久美,2008年。

　(助川菜生,大塚斉,執筆協力:渡邊峰之,松本綾子,茅野大輔)

第3章

子どもと家族への心理支援

　本章では，施設心理士による子どもと家族への具体的な心理支援方法について検討する。ここにあげたものは，実践の1例に過ぎないが，施設臨床の特徴や対象とするクライエントの特徴に沿った，施設心理士の臨床心理的アプローチの一端を示したい。

1　児童養護施設における心理療法

近年,施設心理士による多様な実践が報告されるようになってきている。1対1の個人心理療法のみが施設心理士の役割ではないが,その他のかかわりについては他の章に譲り,ここでは不適切な養育を受けた子どもへの心理療法や,施設における心理療法の特徴について述べたい。

施設で心理療法を行う際に最も留意する点は,心理士が援助チームの一員であることを意識し,1対1の個人面接を,生活のなかで行われる支援のなかに適切に位置づけていくことである。たとえば,ある子どもが心理療法のなかで「産まれ直し」のプレイを行った。心理士は担当職員に面接の様子を報告し「彼はまだ産まれたばかりなので,今日は気をつけて様子をみていて下さい」と伝えたところ,職員は勤務時間外にもかかわらず就寝時まで傍についてくれた。みんなが寝静まったあと,当の子どもは産まれたころの様子や実母への想いについて初めて職員に話をした。生活と面接,具象と抽象を行き来しながら,子どものなかで生じたものを現実的な形につなげていくことが施設心理士に求められる大きな役割の1つである。

虐待を受けた子どもの心理療法では,さまざまな逆転移感情にとらわれがちである。子どもの攻撃性の激しさに戸惑いや恐怖や怒りを覚えたり,延々と繰り返される救いのないプレイに無力感を感じたり,「自分だけがこの子を救ってあげられる」という救済空想にとらわれたりすることもある。そのため,有効とされる目新しい技法を用いて,即時的に解決を求めようとする場合もあるかもしれない。しかし,「無理に単一の答えを見つけようとするのではなく,

もっとも大切なのは,迷いながらもそこに居つづけるということ」[1]であり,膠着状態にあると感じられたときは同僚やスーパーバイザーなどの第三者の視点を取り入れることを検討したい。

(1) トラウマ・アタッチメント・発達支援

　虐待は,子どもの身体,情緒,知的・認知的発達,対人関係,性格形成など,広い範囲にわたって,深刻な影響を与える。一見問題なく適応している子どもでも,後年さまざまな症状や問題行動が生じる場合もある。以下ではとくに,施設で暮らす子どもへの心理的支援において重要な視点となる,トラウマ,アタッチメント,発達の問題を取り上げる。

▼ トラウマに対する支援

　従来,子どもの心理療法においては,アクスライン (Axline, V. M.) の非指示的な心理療法[2]が広く用いられている。非指示的な技法は子どもが一定の自我発達を遂げていることを前提としており,葛藤や不安に対して自我の力を活性化することによって,自ら問題解決することを想定している。しかし,虐待を受けてきた子どもたちは十分な自我が育っておらず,非指示的な心理療法を用いるだけではプレイが展開しなかったり,子どもの呈する攻撃性やリミット・テスティングに十分に対応できないことも多い。したがって,子どもの被虐待体験に焦点をあてた面接が要求される場合がある。[3]

　トラウマに対するアプローチとしては,ポストトラウマティック・プレイセラピー[4],トラウマ焦点化認知行動療法[5],EMDR[6],ナラティヴ・エクスポージャー・セラピー[7]など,さまざまな技法がある。どの技法においても外傷体験を取り扱うためには現在の環境に

対する安心・安全感，治療者に対する信頼感が重要であることが強調されており，これらの技法を用いるにはきわめて慎重な態度が求められる。また，子どものトラウマ体験や，それが子どもの人生に及ぼした影響だけに注目するのではなく，その子どもがトラウマ体験に対応してきたこれまでの歴史も大切にし，子ども自身や子どもの家族の強さや良き資質を肯定的に評価し，伝えていくことも重要である。

過去の外傷体験の再現によって，子どもが日常場面で不安定になることもめずらしくない。そのため，治療者はRWと緊密に連絡を取り合い，トラウマに取り組んでいる間は子どもが不安定になりやすいことをあらかじめ伝え，不穏時の対応についても十分に話し合っておく必要がある。

▼アタッチメントに対する支援

アタッチメントの基本的機能として，ストレス時や危機的状況における不安感や恐怖の調節，安心・安全感の提供が挙げられる[8][9]。しかし，本来，最も自分を愛し守ってくれるはずの親からの虐待行為は，安全基地が同時に危害を与える対象であるというパラドックスに子どもを陥れることになる。こうした環境におかれることは，近接と回避が同時的にみられる無秩序・無方向型アタッチメント形成の要因となり得ることが知られている。また，英国の施設における[10]縦断研究や[11][12]，チャウセスク独裁政権崩壊後に当時のルーマニアの劣悪な施設から世界各地へ養子として引き取られていった子どもに関しての体系的な追跡調査の結果[13~16]，幼いころに一貫した応答的な環境が提供されなかった子どもたちの多くは，養育者への反応性が乏しかったり，見知らぬ人間に過剰な馴れ馴れしさをみせる傾向があっ

た。これは，アタッチメント障害の「抑制型」と「脱抑制型」の2類型の基礎となった。

こうしたアタッチメントの問題に対しては，守られた空間のなかで，ある程度の退行を許容し，愛情欲求を満たしたり，過去の外傷体験を整理することを目指した治療プログラムや，RW の養育スキルを高める面接と身体を介した遊びや課題解決を中心としたプレイを併用した実践などが報告されている。いずれも治療者と子どもが1対1で面接を行うのではなく，RW・子どもの3者で合同面接を実施し，同時に RW へのコンサルテーションによって日常でのかかわりの質を高めようとする点が特徴である。交代勤務のなかで子どもと RW が緊密な関係性を育んでいくためには意識的な取り組みが必要であり，こうした実践は施設内で RW と子どものアタッチメントの促進や再形成を支援するうえで参考になる。

施設は子どもと RW がともに生きる時間をとおして新たな関係性を育み，子どもが育ち直り，成長していく場所である。施設の心理士はその営みのささやかなつなぎ手として機能することが望ましい。

▼発達支援

虐待を受けた子どもたちは，すでに「広汎性発達障害」，「ADHD」といった診断を受けていることも多い。発達障害を抱えた子どもを育てる難しさから虐待が生じたのか，養育者と子どもとの間の細やかなやりとりがなされない環境下で発達的な問題が生じたのかを見極めるのは困難である。つまり，施設に入所してくる子どもたちは，生物―心理―社会的要因がさまざまに輻輳した結果，たまたまそうした診断名がついていると言い換えることもできる。

子どもの情緒や言語の発達，あるいは自己や他者のこころのありようについての理解は，養育者と子どもが体験や感覚を共有し，そこに養育者が「たのしかったね」，「さびしかったね」など，適切な言葉を添えることによって育まれる。しかし，不適切な養育を受けた子どもは温かなまなざしや，やさしい言葉を欠いており，年齢に見合った情緒表出や言語表現，自他のこころの状態の理解ができないことが多い。それゆえ，外傷からの"回復"だけではなく，刺激の少ない面接場面において子どものサインを正確に読み取り，一貫した応答を返すことによって，停滞していた子どもの"成長"を促していくというかかわりも非常に大切となる。プレイルームに身長計や体重計をおくと，子どもが折にふれて自分の成長をたしかめ，成長の証を柱に刻んで帰るといった現象もみられる。外来の心理療法にはめずらしい，成長の場である施設ならではの役割ともいえよう。

　心理療法では，言語表現に重きをおくだけではなく，プレイルームまでのわずかな距離を子どもと歩調を合わせて歩いたり，子どもが感じていると思われる未分化な感覚や感情にそっと言葉を添える，たのしい・うれしいといった体験を共有し一緒に笑いあい，達成感を分かち合うといった情動調律に重きをおいたかかわりや，感覚運動機能の発達を促す遊びを行い，子どもに必要な対人スキルや生活習慣などをスモールステップで積み重ねていくといった治療教育的なかかわりなど，子どもの発達と成長を支える工夫が求められる。

（2）　児童養護施設の心理療法の特徴

　心理療法は通常，生活空間から離れた非日常的な時間と空間のなかで行われるものである。しかし，施設での心理療法は，生活空間

のなかで行われるものであり,治療構造がきわめて曖昧(あいまい)で日常の影響を受けやすい。また,施設心理士は施設の複数の子どもたちを対象にしているため,施設心理士には特有の困難が生じやすい。こうした課題を解決していくためには,面接場面と生活場面を物理的・心理的に明確に区分し,1対1の面接を基本とする従来のモデルにとらわれない柔軟なアプローチを展開していくことが求められる。心理士にとって困難と思える現象のいくつかは,既存のモデルをそのまま施設の子どもたちに当てはめようとすることに起因しているとも考えられるからである。

　施設における心理療法の特徴と課題としては,
①生活を知ることの重要性（心理療法の内容を理解するためには,子どもの生活状況を知ることが重要）
②面接時間の設定の困難さ（面接時間が午後に集中したり,面接時間が守られないことがたびたび生じる）
③面接場所にともなう問題（非日常的な空間としての面接場所の確保の難しさ,他児の侵入などが起こりやすい）
④来談方法にみられる特徴（面接場面と生活場面が近いため子どもの気持ちの切り替えが困難,来談方法によって面接内容に変化が生じる場合もある）
⑤治療契約と導入における課題（施設にはセラピーを受けている子どもとそうでない子どもがおり,子どもの疑問や葛藤にどう応えるかが問われる）
⑥日常性と関係性の維持（面接に生活場面の出来事を持ち込むかの判断,日常での子どもやRWへの対応に考慮する必要がある）
⑦守秘義務について（子どもに利益をもたらすような情報共有の工夫が必要）

⑧終結について(終結の時期や方法についての配慮が必要とされる)が挙げられている(第1章参照[20])。

施設心理士は,面接を行う以前に生活を知り,RWがどういった勤務体系で働いているのか,衣食住はどのように提供されているのか,子どもは施設の内外でどのように振る舞っていて,何に興味を持ち,どのような困難を抱えているのかを知ることである。施設のさまざまな場所に足を運び,時間帯による変化を観察し,施設全体の文化や雰囲気を肌で感じることが大切である。

心理療法の内容についても,入所前の体験に加え,入所後の体験や現在の生活状況が反映されることも多い。そのため,入所前の子どもの生活史を把握するだけではなく,入所後の施設での子どもの育ちを知る努力も必要である。施設に残された記録を読んだり,経験の長い職員に話を聞き,不明な点についてはあらためて調査をし,生物-心理-社会的側面に配慮した包括的なアセスメントを行うことが必要である。

心理療法の開始時には,施設入所に際して丁寧な対話を心がけるとの同様に,多くの子どもがいるなかで,なぜ自分が心理療法の対象となるのか,何のためにここに来て,何を目標にしていくのか,子ども自身が納得できるように丁寧に合意を得ていくことを大切にしたい。「特定の時間と空間を設定して,1対1のかかわりを行う」という心理療法の枠組みは,子どもからみるとわかりにくいものだと思われる。ボランティアや実習生,研究者,見学者など,施設の生活のなかに不意に侵入し,消えていく善意ある大人は数多く,そのたびに子どもたちは「あなたはだれ?」,「何をしにきたの?」,「いつまでいるの?」と自分自身で尋ね,答えを得なくてはならない。なぜ自分が生まれてきたのか,なぜ施設に来たのかも定かでは

ない子どもたちが，このような環境下でさらに混乱していることを考えると，子どもに説明を行い，合意を得ていくプロセスが非常に重要であることが理解される。

　面接が開始されても，プレイルームのなかにある小さな家に入ってプレイが可能になったり，玩具の家の窓やドアをすべて閉めないと気がすまなかったり，外界の物音に過敏であったりする。「〜くんは何して遊んでた？」，「〜ちゃんとはいつ話してるの？」としきりに尋ねるなど，他児との関係が心理療法に影響したり，時には面接中に他の子どもがプレイルームのドアを叩いたりすることもある。終了を渋ったり，面接を拒否したりする子どもも多い。

　子どもにとっては，定期的に自分のもとに訪れ，自分のことを理解しようと努める心理士は，貴重な存在であると同時に混乱をもたらす"まれびと"である。深刻な虐待体験や，分離・剝奪体験によって大人に対する不信感やアタッチメントの問題を抱えた子どもたちは自分に贈られるやさしさや愛情にとまどったり，家族や過去の話題を避けようとすることから，リミット・テスティングや面接の拒否が生じることもある。心理士は子どもを大切に思っていることを伝えながらもできることとできないことを明示し，面接を拒否された場合も積極的に生活場面に足を運び，子どもと一緒に時間を過ごしたり，再度面接の意味づけを確認することも必要である。施設内で流行している遊びやゲームなど生活場面での素材が持ちこまれたり，試験前に「今日は勉強したい」と希望したり，他児と一緒に面接に現れた場合などには，これまでの面接の経過や，子ども個人および子ども集団についてのアセスメントをもとに瞬時の判断が要求される。面接の送迎をRWが行うのか心理士が行うのか，プレイルームは生活の場とどれくらい離れているのか，面接の前後には

どのような活動が行われているかという物理的・時間的構造の影響についても考慮しなくてはならない。

　虐待を受けた子どもに対する心理療法の初期には安心・安全の感覚を育んでいくことが最も重要とされている。プレイルームの時間や空間が安心・安全なものであると感じられるためには，面接の長さを一定にする，プレイルームの場所を毎回同じにする，プレイルームの玩具の種類や配列を一定にする，プレイルーム内での行動上のルールをつくる，治療者の服装や外見をあまり変化させないようにする，セッションの流れを一定にするなどの工夫が必要である。[21]場合によっては実際にプレイルームの内外を一緒に探索したり，居室との位置関係を図示する，他児の侵入に配慮し，それにまつわる子どもの気持ちを丁寧に聞いていくなどの細やかな配慮が求められる。

　発達障害を抱える子どもに対して，その子ども専用のカレンダーを用いて，心理療法の連続性や恒常性を伝え，次に会う日や前もっての休みの日を一緒に確認するなどの工夫もある。[22]子どもの抱えている問題の性質によっては，セッション終了後も，次回のセッションがたしかにあって，今後も続いていくものであることを，目に見える形で保証することが必要である。心理療法が連続性を持ってくるにしたがって，「この前〜したよね」と話したり，過去に行った遊びを振り返って語る子どももいる。これは，前回とのセッションがつながりを持ち，子どものなかに時間的な展望が機能し始めたあかしでもある。こうしてつながり始めた非日常的な時間が，日常の営みに汎化していくことを心がけたい。

　守秘義務については，とくに思春期を迎えた子どもにとっては，自傷他害などの場合を除き，心理士が「ここでの出来事はだれにも

話さない」と約束し，遵守することが意味を持つことがある。一方で，面接の内容を子どもの身近な存在であるRWが知っていることが安心感をもたらすこともあるかもしれない。一般的には，スクールカウンセラーのように集団守秘義務の考え方を適用するのが現実的であると考えられるが，施設の風土や文化，心理士の勤務形態の違いなどの違いがあるため，一概に論じることは難しい。

　いずれにせよ，RWをはじめとする周囲の人々に，守秘義務をはじめとした心理士のあり方について理解を得ながら，子どもにとって最善の環境を築いていくため，話し合いを重ねていくことである。どのようなスタイルを採るにせよ，最終的に施設の心理士として問われるのは資格の有無や経験年数ではなく，その人物の人間性である。「この人と話すと，子どもをみる新たな視点が得られる」，「心理療法によって子どもに好ましい変化が生じてきた」といったたしかな手応えが得られることによって，「またあの人に子どものことを話してみよう」と思うのではないだろうか。「RWとの連携がうまくいかない」，「自分のいうことが理解してもらえない」と悩む前に，子どもやRW，施設の状況をよくみつめ，自分自身の仕事が"心理士かどうか"にこだわるのではなく，施設の養育の質を高めるためにできることを考え，一方的な方法論を貫こうとするのではなく，現場に必要とされることから着手することが，他職種からの信頼につながっていく。

　心理療法の終結の時期や方法に際しても配慮が必要である。心理療法が終結しても生活場面では子どもと顔を合わせるため，子どもとの関係は続いていく。施設を卒業した子どもから相談を持ちかけられることもあるかもしれない。心理療法開始時に面接の理由や目標を明確にし，丁寧に合意を得ることは終結の判断の基準となるた

め，繰り返すようであるがこうした手続きを曖昧にしないことである。「関係を終えるのではなく，変化させる[23]」という視点も参考になる。終結後も子どもの様子を見守ることができるのは，施設内の心理療法の大きな利点でもある。

村瀬嘉代子は「サイコセラピーの場面がその子どもの生活の中に突出するのではなく，週1度，1時間のセッションが他の6日間と23時間の営みと基底ではつながっていることが望ましい。こういう治療の方向性が，被虐待児に基本的世界像の安定性，時間感覚の一貫性をもたらすために必要であろう[24]」と述べ，施設の養育のあり方と心理療法との関連について示唆している。特定の時間や空間や活動が子どもを癒（いや）すと考えるのではなく，施設で生きていく時間やそこでの出会い全てが子どもの育ち直りを支え，子どもの過去―現在―未来をつなぎ，生きる希望を喚起するものでありたい。

2　成育史の振り返り
―― 子どもの生にまつわる重要な事実を分かちあうための援助

（1）成育史の振り返りの必要性

施設に入所する子どもたちの多くは，なぜ自分が施設に入所しなければならないのかを充分に納得しがたいまま親と離れて生活している。家族との分離は子どもにさまざまな心身の反応を引き起こすことが知られている。わが国で行われた調査でも，施設の子どもたちの多くは虐待を否認し，施設生活を「仕方ない」と消極的に受け止めやすいことが指摘されている[27]。

子どもたちは多くの場合，自分自身の希望ではなく，周囲の判断によって施設入所に至る。子どもに対する入所理由や退所の条件に

ついての説明は制度化されておらず，児童相談所や施設によって異なる対応がされているのが実情である。施設入所後の家庭復帰のプロセスは多くの場合不明確であり，子どもは将来の見通しを持ちにくい状況におかれることになる。一般家庭に比して，施設の生活が恵まれているとはいえない環境であることも，子どもの茫漠とした不安を強めていく。頻繁な施設職員の入れ替わりは，子どもとの一貫した愛着形成を困難にし，子どもに再度の見捨てられ感を与える。多くの場合，子どもたちは「あなたは小さいとき，こんな子だったんだよ」というように家族との自然な会話をとおして自分の過去をたしかめ，アイデンティティを形成していく。それに対して，施設で生活する子どもたちは，幼いころからの自分を知る大人が少ないため，入所から現在に至るまでの一貫した歴史が他者と共有されないことが多い。家庭での記憶が語られず，統合されないことは，一貫した自己の発達を阻害していく。入所後も家族関係の変化や，子どもの成長にともなって「なぜ自分はここで暮らすのか」という新たな疑問が生じることもある。

　さらに，慢性的なトラウマは，過去と現在の現実とを1つの物語として構成することを困難にさせる。そのため，トラウマ性の記憶を統合し，言語化された物語的記憶に構成していく必要がある。施設で暮らす子どもたちは，過去の記憶が断片化し，悲観的な未来展望を持っていたり，「自分は愛される価値のない人間だ」，「他人や世界は信頼できない」といった否定的な自己像や世界観を抱いていることも多い。したがって，分断された歴史をつなぎ，今までとは異なる視点から過去の体験をとらえ直し，新たな自己物語を紡いでいくための援助が求められるのである。

　本節では，養子縁組の分野で行われているテリング（telling），

英国の社会的養護の下にいる子どもたちを対象に行われるライフストーリーワーク (life story work) を紹介し，施設の子どもたちに入所に至る事情を説明したり，過酷な事実を分かちあっていくための援助について検討したい。

（2） テリング

養親や里親が産みの親ではなく育ての親であることを子どもに告げることは，英語で「テリング」という表現が使われており，「告知」または「真実告知」と訳されている。養子に迎えた子どもに伝える内容としては「私たちは血のつながりはないけれど，本当の親子なのだ」，「他のだれでもなくあなたが気に入って，あなたを私たちの子どもにしたかったのだ」，「私たちはあなたに出会えてうれしかったし，あなたを迎えて満足している」と，生の基盤を愛情を持って贈ることの重要性が指摘されている。

米国では，秘密厳守と匿名性を強調する養子縁組 (closed adoption) が標準的な養子縁組の形態であったが，生い立ちが明らかにされなかったり，予想もしていない事実を知らされたりすることによって，思春期にさしかかると，親への不信感や動揺からさまざまな行動化を子どもたちが起こすこと，そして，何よりもその背後に"自分が何者であるか"への回答が不明確になり，アイデンティティの形成に支障を来すことが明らかになってきた。そのため，1970年代後半から1980年代にかけて，当事者の希望によって，産みの親についての情報を積極的に子どもに開示するオープンな養子縁組 (open adoption) の実践率が大幅に増してきている。日本でも，オープンな養子縁組の試みが徐々に浸透しつつある。

英国でも，出自について知りたい，実親に会いたいと望んだ養子

の権利を守り,支えるために,保護の段階から実親との再会の段階まで整備された精緻なシステムが構築されている。

　実親への肯定的・否定的な感情の表現が抑制され,悲嘆の過程が促進されない場合,子どもは以前の養育者と現在の養育者の間で忠誠心の葛藤(loyalty conflict)を抱え,将来に起こりうる喪失の痛みを避けるため,新しい養育者との関係自体を回避するようになることが指摘されている。新たな家庭に委託された子どもは,家庭に慣れて養親への愛着と信頼を形成するにつれて,実親に対する複雑なこころの動きを示す。たとえば,実親のことを忘れてしまったようにみえたり,逆にしきりに思い出したり,家庭では暴力を振るわれ恐怖の対象であった実親を理想化した存在として語ることもある。アタッチメント対象の喪失を経験した子どもが新たな養育者と関係を築いていくためには,このようなこころの動きは自然なものであることを理解し,喪失した対象への感情を充分に表現することが大切であるとされている。その際に,養親が実親のことを悪くいわないように注意しなくてはならない。

(3) ライフストーリーワーク

　虐待を受け,施設や里親のもとで暮らす子どもたちの混乱を解消するための手段として,英国ではライフストーリーワークが支援の重要な項目として位置づけられている。子どもたちが過去を受けとめ,生きる希望を見出していくためには,一方的に事実を告げるだけではなく,信頼できる大人との関係性を基盤に,子ども自身が自分の人生を語ることができるようになることが必要である。子どもに起こった事実をありのままに提示するのではなく,なぜその事実が起こったのかをともに考え,新たな角度から見直し,子どもが自

己物語を書き換えていく傍（かたわ）らに寄り添うことが大切なのである。

　過去に起こった出来事を大人が一方的に記し，子どもが作成のプロセスに参加しないなど，ライフストーリーブックの作成が形骸化してしまった過去の反省をふまえ，現在ではライフストーリーブックの作成に力点がおかれるのではなく，子どもが自身の物語を紡いでいくライフストーリーワークの過程が重視されている。英国では，2002（平成14）年に公布された「養子縁組と児童法（The Adoption and Children Act 2002）」において，養子縁組にあたり，子どもの意見を聴くことの重要性を指摘し，子どもや家族に関する包括的な情報を提供することが求められている。

　英国の心的外傷を受けた子どもたちの治療施設であるSACCSでは，治療的養育と心理療法にライフストーリーワークを加えた3つのワークの統合を援助のモデルとしている。SACCSでは，専任のライフストーリーワーカーが存在しており，①情報の収集，②内在化，③ライフストーリーブックの作成の3段階に分けて論じている。対象となるのはおよそ4歳〜17歳の入所児童である。

　①情報の収集の段階では，およそ3か月間をかけて，出生証明証や成績証明証，健康情報，両親の結婚証明証，法廷や警察のレポート，福祉・治療機関の記録など，あらゆる文書や写真を入手すると同時に，子どもに関連した人々を対象に面接を行い，子どもの過去についての情報を真偽は問わず，聞き取っていく。

　②内在化，③ライフストーリーブックの作成は，9か月間ほどかけて行われ，合計1年余りを要する。

　②内在化の段階では，2週間に1度のセッションのなかで，入所以前の出来事を子どもと探求し，何がどうして起こったのをともに考えていく。ゲームや雑談，エコマップやジェノグラムの作成，現

在に至る重要な出来事の時系列的な整理,子どもにとっての重要な場所の訪問などの活動をとおして,さまざまな出来事にともなう感情の表出や家族の力動の理解をめざす。

③ライフストーリーブックの作成の段階では,子どもの書いた描画や写真などを含めた本を共同で作成する。本の代わりにビデオやテープ,パソコンのファイルとして作成されることもある。作成された本は子どもが自分で所持し,養育者と一緒に読み,新たな内容を付け加えたり,時には説明するのが苦痛な過去を理解してもらうために他者に読んでもらうこともある。

子どもが施設入所に至る理由を説明する場合,子どもの状況に応じてライフストーリーワーク以外にもさまざまな技法が存在する。たとえば,子どもが自分のおかれている状況を理解するために,自分に起こったこと,周囲の大人の役割,これからの流れについて,ケースワーカーと保護者が協力して,文字と絵を交えて子どもに説明する「ことばと絵(Words & Pictures)」という技法がある[40]。これは,ライフストーリーワークと同じ目的を持つものであるが,両者の違いとして,①ライフストーリーワークは,子どもが社会的養護を受けることになった否定的な出来事に中心的な焦点を当てる傾向がある,②子どものためのストーリーをつくり上げる際,たいていは親や親族は関与せず,意見を述べたり影響力を持つことはほとんどない,③ライフストーリーワークの作業は専門職主導の傾向がある,ことが挙げられる。そのため,ストーリーは,家族が何をどう理解したかを子どもが理解する必要があるというより,むしろ専門職の介入を説明するという観点から語られることが多いとの批判がある。「ことばと絵」は家族や親族を巻き込んで行われる方法であり,入所の段階から家族と専門機関の間に話し合いが可能であるケ

ースや,定期的に面会や外泊を行っているケースでは,子ども個人で過去を整理するよりも,より効果的な展開が期待できる。ライフストーリーワークにおいても,新たな養育者と同席の元で行う方が望ましいとする見解も存在し,子どもや家族の状況,担当職員との関係に応じた柔軟な取り組みが求められる。

　現在の施設がおかれた状況では専任のライフストーリーワーカーなど望むべくもなく,文化的背景や社会的・法的制度の異なるわが国では適用にあたって慎重な検討が求められるが,こうした取り組みを,日常の養育や心理療法のなかに取り入れていくことは可能であろう。

　わが国でも次第に,「生い立ちの整理」,児童養護施設暁学園における「権利アセスメント」,「虐待を受けた子どもの心理診断の手引」など各関係機関の実践や入所時のアセスメントツールについても報告されるようになりつつある。

（4）　施設心理士が行う援助の実際

　子どもの生にまつわる重要な事実を分かちあうための援助は主に,テリングのようにRWが日常場面で少しずつ対話を繰り返していく場合と,ライフストーリーワークのように施設の内外の専門職が面接場面で行う援助に分けることができる。日常場面での例として以下に事例を挙げる。

　〈事例1〉調理実習中にケーキをつくりながら「私が幼稚園のとき,お母さんが誕生日にケーキつくってくれたんだよ。すごくおいしかったんだよ」と亡くなった母の思い出を話す。〈お母さん,ケーキや料理を作るのが上手だったんだ。素敵な人だったんだね〉と応えると,母親の得意料理をいろいろ教えてくれる。

〈事例2〉入浴中にRWが体を洗っていると「俺,今までこんなふうに大人の人に体を洗ってもらうことってなかった……」と呟く。RWがハッとして子どもの方をみると,本人は目を合わさずに,母親は浴槽にお湯を張って仕事に行くが彼と弟が入るころには冷たくなっていたこと,小さな弟をお風呂に入れるのは自分の役目だったことなどを,話し続ける。

〈事例3〉みんなが寝静まった後に,RWが職員室で仕事をしていると,起きてきて「卒業したあと,俺1人でやっていけるかな?」と将来の不安を口にする。仕事をする手を止めて,RWが聴いていると施設に来るまでの経緯や,これまでの生活,親に対する想いを語る。

 上記のように,子どもが胸に秘めていた事実を語りたいと望むのは,相手が専門家であるか否か,心理面接の時間かどうかに関係ない。相手との関係性や時熟,気候や時間や場所も含めたその場の雰囲気から子ども自身が選びとったそのときに"この人になら"と相手を選んで話されており,安易な言語化の強要は慎むべきである。施設においては子どもの歴史を"振り返る"だけではなく,むしろ長期にわたる養育の営みのなかで心地良い体験を積み重ね,子どもの歴史を"形づくっていく"という姿勢が求められる[46]。
 しかし,心理療法の過程で子どもの過去や家族に触れる場面があったり,RWの依頼を受け,子どもの現在の状態を総合的に判断して,入所前の生活史を話し合うことが,子どもの最善の利益に寄与すると考えられたとき,特別に面接場面を設けて,こうした事象を扱っていくことが必要になる。
 かつてライフストーリーブックの製作が,本人の希望や利益を無

視した形骸化した手続きとして行われたように，個人史を扱うことが必ずしも子どもに益するとは限らない。実施のあり方によっては，むしろ子どもを深く傷つける結果となる。過去の出来事について，「昔のことだから思い出せない」，「覚えていない，わからない」と話す子どもたちは，（本当に思い出せないこともあるが）自分を愛し護ってくれるはずの親から不適切な扱いをうけたことへの混乱した胸中，受けた虐待を告白することで親を裏切る後ろめたさ，本当にこの人に自分を委ねてよいのかという迷いなど，さまざまな想いを抱えている。そうした場合に，強いて事実を掘り起こそうとするよりも，お互いの関係性や子どもを抱える環境を育み，子どもの内的な必然性が熟すのを待つことが大切である。

　子どもの成育歴に触れる場面においても「いままでいえなかったことを表現できた」という次元を超えて，物事をきちんと説明したり，子どもの歴史をともに振り返っていくことが，当の子どもにとって意味のある体験として感じられること，「自分にはこれまで大変なことがいろいろあったけど，それを乗り越えて生きてきたのだ」，「自分を支えてくれる人がいたのだ」，と子ども自身が思えることが大切である。子どもが語り，大人が聴き入るという相互作用が不条理を越える力となるようでありたい。

　施設で生活する子どもたちは，奪われたものがあまりに大きく，多くの苦難を背負っている。それでも誇りを持って生きたいと願う子どもたちに対して，伝え手がその想いをどこまで汲み取ることができるか，生の根幹にどこまで触れることができるかが伝える内容を大きく左右するのである。

▼ 実施の時期

　子どもとの対話の開始にあたっては，基本的に子ども自身が自分の生い立ちや家族，入所の理由について知ることを希望していることが望ましい。子どもの最善の利益を常に念頭において進めることが前提であり，的確なアセスメント，子ども自身の内的な必然性と時熟，子どもを支える基盤の構築と携わる大人との信頼関係の形成が求められる。子どもが入所間もない時期には，なぜ施設入所に至ったのか，何を目標に施設の生活を過ごしていくかを話し合い，本人が悪いわけではないことを伝え，施設入所によって分断された子どもの歴史をつなげていくことが，混乱を和らげることになる。そのため，施設入所時のアセスメントも兼ねて成育歴の聴取が行われる場合もある。進学や就職といった節目の時期に，あらためて自分の歴史を振り返りたいと子どもが望んで来室することもあるし，施設の内外で不適応を起こし，短期的な面接を依頼されたことが契機になることもある。成育歴の振り返りのみを目的として集中的なセッションが行われるときもあれば，セラピーの経過のなかで少しずつ，本人の歴史を確認し，自己の物語を紡いでいく作業が行われる場合もある。

▼ RW 同席の意味について

　筆者の施設での実践においては，子どもの同意を得たうえでRWが同席し，子どもとセラピストとRWの3人で入所に至る理由や生い立ちや家族について話し合うことが多い。その理由として，信頼できる大人が傍にいることで，子どもに物理的・精神的な護りの感覚を提供し，担当RWと子どもとのアタッチメント形成を促すためである。過去を想起する過程は子どもにとってつらい作業と

なることも少なくない。RWが一緒にいることで子どもは力づけられ、安心感を持って過去の話をすることができる。また、RWにとっても、入所以前の子どもの過酷な体験やそれにまつわる感情を聴くことで、子どもの痛みや哀しみを身をもって感じ取り、子どもへの敬意や愛情がより深まることになる。

さらに、忠誠心の葛藤（loyalty conflict）を抱え、親を裏切ることになるのではないかとの罪悪感や、現在世話になっているRWに対して親のことを話すのは申し訳ないという負い目から、RWに家族の話をするのを躊躇う子どもも多い。RWの同席によって、面接終了後も生活場面において、面接の内容を継続的に話し合う機会が増え、「家庭か施設か」、「親かRWか」という葛藤を解消することにつながる。

▼用いられる技法

子どもと事実を分かちあうために用いられる技法としては以下のようなものがある。[47]

象徴的表現：子どもの表現媒体に合わせてプレイや夢、砂遊びといった、象徴的な表現を用いて、より侵襲性の低い形で子どもの抱えている痛みや秘密を扱う。年少児に対しては、人形やパペットを使って子どもが経験したと思われる出来事を提示し、それに対する認識を尋ねる相互物語構成法[48]なども有効である。

写真回想法：子どもと一緒に写真やアルバムをみて、写真に写っている人物や、その当時のエピソードなどを聴き、子どもの歴史や成長を確認していく。

生活空間見取図：子どもが以前に暮らしていた家の見取り図を描いてもらい、「だれと一緒に寝ていたの？」、「だれがご飯をつくっ

てくれた？」など，具体的な生活の状況を聴いていくことで，自ずと家庭の背景が明らかになる。「安心な場所」，「嫌な場所」など併せて尋ねることが，虐待について語る契機となることもある。

　ムーブメントチャート：子どもと一緒にこれまでの生活の変遷を辿り，子どもがどこに，どのくらいの期間住んでいたか，子どもにとって重要な人々・ペット・場所，なぜ引越ししたのか，引越しにともなう感情などについて子どもと話し合っていく。

　ジェノグラム：複雑な家族関係を図に描くことによって，子ども自身が認識している家族関係（大人側の認識とは異なっていることもある）を聞き，子どもと一緒に家族の構成や力動を整理していく。

　エコマップ：子どもを中心に置き，子ども・家族と社会資源との関係を図示し，児童相談所，一時保護所，外来の医療機関，養育家庭などの関係機関や，子どもにかかわる福祉司・心理司などの役割について説明を行い，理解を促す。

　絵　本：絵本は低年齢児の子どもにとって特に有効であり，繰り返し生活場面で読み聞かせることができる。子どもの課題に応じた絵本を選択し，場合によっては，子どものために"世界に1冊だけの絵本"を作成することもある。

　子どもにゆかりのある場所の訪問：子どもと一緒に以前住んでいた場所や馴染みのある場所や人物を尋ねることによって，過去の出来事を振り返り，共有する。

　こうした技法は，子どもの総合的な状況を判断して選択されるが，技法だけが浮き上がるのではなく，自然な経過のなかで自ずと用いられることが望ましい。それぞれの技法は決して特別で固定的なものではなく，個々の事例の経過のなかで子ども1人ひとりに臨機応変なかかわりを心がけ，子どもの生にまつわる重要な事実を理解し

やすいように工夫・選択されたものを紹介したに過ぎない。その意味では，対象となる子どもの数だけアプローチの方法は存在するといえる。また，安易な実施は，子どもの生の根幹にかかわる対話を，単なるマニュアルに沿ったルーティンワークへと堕してしまう危険性を持つ。心理療法における技法は，だれが使用しても同じ効果をもたらすものではなく，使用する技法の背景や必然性の理解，セラピスト自身のありようや相手との関係性によっても変化するものである。したがって，まず援助者のあり方を省察するという姿勢が何よりも求められる。

　以上，子どもの生にまつわる重要な事実を分かちあうための援助について述べてきたが，結局のところこうした援助に安易なマニュアルや絶対の解答は存在し得ない。「子どもの最善の利益とは何か」を念頭におき，日々を大切に積み重ねながら，子どもの状態や抱えている問題，子どもの発達や理解度，施設の形態や風土に応じて，個別的にして多面的なアプローチを展開していくことが求められている。子どもの生にまつわる重要な事実を分かちあうための援助は，施設における日々の営みが基盤になる。子どもたちが知りたいのは入所理由や家族に関する物理的事実だけではなく，「自分は愛されるに値する人間なのか」，「この世界に自分の居場所はあるのか」というきわめて切実な問いかけである。こうした問いかけに言葉のみを用いて即座に応えようとするのは，きわめて不十分である。子どもを孤独の淵に沈ませることなく，厳しい事実を胸に収め，自己物語を紡いでいくことを援助するためには，まず子どもに安心・安全を保障し，信頼できる関係を築いていくことから始めなくてはならない。何気ない，温かい日々を1日1日と積み重ねていくことが，傷ついた心身を癒し，子どもの内外に拠り所となるものを育ててい

く。それを可能にするためには、狭義の臨床心理的援助のみでは不十分であり、施設での生活全般が成長促進的・治療的に働くような環境を整え、子どもを支えるための現実的な受け皿を構築していくことである。

施設におけるテリングやライフストーリーワークとは、日常の営みから切り離されたものではなく、子どもの抱える不安や痛みに寄り添いながら、彼らが「生まれてきてよかった」と思えるように、日々の生活をともに大切に育んでいく過程なのである。

3 セカンドステップ

児童養護施設の心理職の仕事を始めてまもなく、次のようなことに気づいた。セラピーを通して、虐待を受けた子どもたちが、1対1の場面ではほとんど問題なく過ごせるようになってくる。しかし、子ども同士のなかでは、いつもトラブルを起こしている。虐待された経験からか、自分の身を守ることで精一杯であり、他の人を気遣(きづか)う余裕などなく育ってきており、外部からの刺激に対して敏感で、悪意のない「うっかりぶつかった」という行動でも、攻撃ととらえてしまい、報復行動やさらなるトラブルをつくっていく。このような対人行動では、いつまでたっても安心して信頼できる関係が築けず、共感性、社会性を自然に身につけるのは難しいように思われた。

共感性をスキルとして身につけることによって、対人トラブルを減少し、被虐待児とその子を取り巻く周りの子どもや大人たちも、より良い関係のなかで生活を送れるのではと期待し、セカンドステップを共感性を身につけるためのSST（ソーシャルスキルトレーニング）として実践することにした。本節では、児童養護施設におけ

るセカンドステップの適用について述べる。

（1） セカンドステップとは

セカンドステップとは，アメリカのシアトルにある NPO 法人 Commitiee for Children（以下，CFC）により，1991（平成3）年，子どもの衝動的・攻撃的行動を和らげ，社会への適応力を高めることを目的にして製作されたプログラムである。CFC は，セカンドステップの前に，TAT（Talking About Touching）というプログラムをつくっている。これは，子どもが虐待から自分の身を守るためにどうしたらよいか，被害者にならないためには何ができるかということを学ぶものである。

セカンドステップは，TAT の次につくられたプログラムであることからセカンドステップ（Second Step）と命名された。ファーストステップにあたる TAT では，虐待から自分の身を守ることを学ぶ内容であったが，セカンドステップは，理不尽な暴力による被害を防ぐのではなく，虐待や暴力をふるうような人にならないことが大事だということを念頭に，開発されたプログラムである。

セカンドステップは，2001（平成13）年にアメリカ教育省より，全米百数十の教育プログラムのなかから，「最も効果的なプログラム」として表彰されたプログラムである（U. S. Department of Education's 2001 Expert Panel on Safe, Disciplined, and Drug-Free Schools）。内容は，「相互の理解」，「問題の解決」，「怒りの扱い」の3章で構成されており，1週間に1回くらいのペースで実施し，合計28レッスンを写真教材やパペットを使用して進めていく。セカンドステップは，子どもの攻撃性を「減少」させるのではなく，対人関係能力・問題解決能力を「増加」することを目的に開発され

ている。被虐待児の特徴である，共感性の欠如，対人関係の障害，トラウマ性のパニック，自尊心の低下に対し，効果的な心理教育・治療的アプローチをすることができると期待される。

共感性の欠如に対しては，第1章「相互の理解」において，自分の気持ちを表現し，相手の気持ちに共感してお互いに理解しあい，思いやりのある関係をつくることを学ぶ。セカンドステップでは，共感的態度は，性格や性別によって本来備わっているものではなく，共感スキルを適切に使えるように指導することによって，身につけることが可能だと考えている。また，相手を受け入れる受身的な態度だけでなく，適切な自己表現の方法を理解する必要がある。自己表現スキルも共感スキルと同様に，適切に使えるように指導することによって，身につける事ができると考えている。

第2章「問題の解決」では，対人関係におけるトラブルに対し，適応的な行動をとる方法を学ぶ。困難な状況に前向きに取り組み，問題を解決する力を養って，円滑な関係をつくることを行動目標にしている。

第3章「怒りの扱い」では，怒りの感情を自覚し，自分でコントロールする力を養い，建設的な解決方法を使うことを学ぶ。怒りの感情を扱うということは，怒りの感情をひたすら我慢するのではなく，むしろ適切に怒りの感情を表現し，建設的な解決を図ることである。

セカンドステップでは「日常への展開」を重視し，子どもが学習したスキルを日常で適切に使えるよう指導することが効果的である。児童養護施設ではそのスキルを使えたときに担当職員が児童をほめることにより，スキルの習得を促進すると同時に，自尊心の向上が図られ，子どもたちがより良い対人関係をつくれるようになり，入

所児童同士だけでなく，職員とも，より居心地の良い環境で生活できるようになると期待される。

（2） 児童養護施設におけるセカンドステップの実施

コースⅠ（4歳から8歳児対象）のプログラムは，全28回で構成され，第1章「相互の理解」(12回)は，「気持ち」に焦点を当てた内容となっている。第2章「問題の解決」(10回)は，対人関係におけるトラブルの解決方法を教えていく内容で，問題解決のステップを学ぶ。第3章「怒りの扱い」(6回)は，怒りのコントロールの方法として，落ちつくステップを学び，怒りの喚起場面において，どのように行動したらよいかを体験する構成となっている。

施設内での実施準備として，セカンドステップのレッスンで学んだスキルをうまく使えるように支援してもらうために，RWに30分程の紹介ビデオを視聴してもらい概要を学んでもらった。セカンドステップで学ぶスキルは，子どもの生活すべてで使えると考え，学校にも協力を仰ぎ，子どもたちが通学している小学校の職員会議の際に，セカンドステップの説明をし，協力をお願いした。

グループ編成は，ターゲットとする（セカンドステップのスキルを身につけてほしい）子どもだけでなく，1つのユニットの小学生全員を対象にした。

実施場所は，子どもの気を引くようなものもなく，他の場所よりも集中して取り組むことができたことから，会議室を用いた。時間は，試行錯誤した結果，週1回，日曜日の朝10時からに定着した。

レッスンは，①ゲーム（10～20分）→②セカンドステップ（20分～30分）→③ゲーム（10～20分）という流れで実施した。

セカンドステップは，「導入」—「おはなしとディスカッション」

―「話し合いのあとで（ロールプレイ）」―「日常への展開」という流れになっている。

　写真のカードを使い，カードの裏に子どもに投げかける質問やロールプレイの題材が書かれており，それを話しながらレッスンを進める。

　日常への展開として，毎回レッスン終了後に，レッスンのポイントを記載した通信と子どもの様子を書いた報告書をつくり，担当職員と生活のなかで学んだスキルが使えるか，ということを担当職員とよく話し合い，セカンドステップのポスターを寮に掲示し，子どもの目に触れるようにした。

（3）事　例
▼事例の概要

対象児童と主訴　　小学5年生（10歳）男子児童まさしくん（仮名）。落ち着きがなく，対人関係がとれず，ささいなことでパニックを起こし，学校や施設での生活において不適応を示す。

対応の基本的方針　　まさしくんの入所後，前任の心理職とRWが協働してまさしくんへ働きかけることになる。RWたちはまさしくんに対し，繰り返し辛抱強く，何がいけなくて何が良いのかを考えるよう促し，解決策を一緒に考えようとしていた。しかし残念ながら，まさしくんには十分に伝わっていないようだった。

　今回セカンドステップを実施し，セカンドステップのスキルをRWとまさしくんの両者が活用することになった。そのことが本事例に及ぼしていった影響を考察する。

▼第1期　X+2年7月～8月中旬

　キャンプで写真を撮る際に，並んでいたCくんが立ち上がろうとするのを止めるのに，ズボンをつかんだのを，Cくんがズボンをろされたとかんいしてキレて，まさしくんの帽子を放り投げてしまう。まさしくんも怒り，キレそうになるが，RWに止められ，怒りを納める。RWに「我慢できてえらかったね。まさしくんは，Cくんを座らせようとしたんだよね」とほめると，Cくんも謝り，まさしくんも気持ちを切り替えることができる。このかかわりは，生活場面面接における「支持」である。また，レドゥル（Redl, F.）の生活場面面接と心理劇の「補助自我」を参考にした竹中哲夫の補助自我法が展開されたと考えられる。RWが声かけしたことによって，すぐに行動化してしまう子どもの弱い自我を支えることとなった。竹中哲夫は，補助自我法について，「子どもの弱い自我を大人が埋め合わせる，あるいは折れそうな枝に添え木をあてるようなものである。こうして，子どもの自我が強化され添え木なしでおもりを支えられるように成長するのを待つのである」と述べている。

　この時期から，RWのセカンドステップを意識したかかわりがまさしくんに対し，少しずつ効果を及ぼしていった。まさしくん自身も自分がキレなくなったとセルフモニタリングできるようになり，成長が感じられた。

▼第2期　X+2年8月中旬～10月

　隣室のEちゃん（小学生女児）が兄のFくん（同室の小学生男児）と手紙を書いているときに，「ごめんね，○○○ッキー」とまさしくんの名前をからかい，まさしくんが暴れだしてEちゃんに殴りか

かろうとするが，Ｆくんに止められ，まさしくんが包丁を持ち出す。RWに包丁を取り上げられ，まさしくんを自室に連れて行く。

　包丁を持ち出す行為があったことから，セカンドステップの「もし……したら」（第１章レッスン６）というレッスンを応用し，「もし包丁を持ち出したら……」，「もしだれも止めてくれなかったら……」と問い，まさしくんに考えるようにRWが言うと，「相手が怪我する，死ぬ，周りの人が悲しむ」などという。落ちついているときは，まさしくんがちゃんと考えることができることを認め，カーッとしてしまったらどうするかとRWが聞くと，「本を読む，寝る，３つ数える（落ちつくステップ）」と答え，それを守れるようにしていこうとRWが話をする。

　第２期では，第１期と比べ，包丁を持ち出すなどの行動化がみられたが，RWの声かけにより，まさしくん自身が「落ち着くステップ」を自ら使おうとする姿勢があり，自分で自分の気持ちをコントロールする努力をしていた。

　これ以降は，日々の小さなトラブルはあるものの，学校や他の寮職員などの周囲の評価でも，「まさしくんはすっかり落ち着いて目立たなくなったね」といわれるようになり，セカンドステップの効果が継続しているように思われた。

　また，退園間近には，同室の小学生２人が取っ組み合いのけんかをしているところへ仲裁に入り，「落ち着け，落ち着け，落ち着くステップだ」といって，２人を引き離して順番に話を聞き，きちんと仲裁する姿もみられた。まさしくんのセカンドステップを活用したかかわりは，２人の小学生に対し，モデルとなる行動を示したと考えられ，まさしくん自身の感情コントロールだけでなく，周囲の子どもへも効果が波及していった。

（4） セカンドステップの効果
▼被虐待児への心理教育的アプローチ

　終了後のアンケートでは，子どもたちは対人関係においてトラブルが起こったとき，起こしそうになったときにセカンドステップのスキルを用いると回答していた。セカンドステップは，子どもたちに対し，SSTとしての効果だけでなく，トラウマのケアとしても効果があったと考えられる。環境療法の4つの柱に沿ってみていくと，①人間関係の修正：虐待的な人間関係の再現ではなく，セカンドステップの実践により，自分の気持ちを表現しながらも相手の気持ちを考えることができるようになっていった。②感情コントロールの修正：怒りのコントロール（落ち着くステップ）を学んだ。③自己・他者イメージの修正：セカンドステップのスキルを使えたときに，RWからほめられることは，いつも叱られる悪い自分とは異なり，自分はトラブルになっても，うまく対処できるんだ，という自己効力感を育めた。④問題行動の理解と修正：セカンドステップの実践後，「何か注意されたときにすぐに謝ったから叱られなかった。いままで自分はあとで謝っていたけど，それでは遅いんだよね」という発言がみられたように，自分の行動の問題点への気づきという修正的あり方の学習がみられた，と考えられる。

▼RWの子どもへの対応スキルの向上

　セカンドステップは，子どものソーシャルスキルの改善だけでなく，共感性のスキル，問題解決のスキル，怒りのコントロールのスキルを，RWが子どもに教えながら，それらをうまく使うことができるように導いていくことで，RW自身のスキルの向上が図られる。

従来，子どものトラブルに介入する際，RWは個々に独自のかかわりを取りがちだったが，セカンドステップの対応を学び，かかわりが統一されることにより，どのRWも子どもに対して同じ視点から対応ができるようになった。子どもはどのRWからも同じ対応をされることにより，安心感を持つ事にもつながったと考えられる。

　勤続年数25年の保育士は，「セカンドステップは，今まで自分がやってきたやり方を，このやり方で良かったんだと言ってくれた感じがする」と話しており，RWをエンパワメントする効果もあったと考えられる。勤続年数の少ない職員で構成されている児童養護施設においては，セカンドステップを実践することが，熟練の保育士の視点と技術を学ぶ機会にもなると考えられる。

　児童養護施設内における暴力の問題（子ども間の暴力・性暴力，職員から子どもへの暴力，子どもから職員への暴力）は，深く潜在し，職員や子どもが入れ替わろうと，悪い伝統として根づいているものがある。

　どのような暴力であれ，施設全体で認めない文化をつくっていくことが求められるが，セカンドステップにより，子ども間の暴力を減少させていくことが期待できる。それ以外の暴力についても，継続したプログラムを実施することによって，職員や子どもの入れ替わりがあっても改善していくことができると考えられる。施設全体で取り組むことが大切である。

4　施設心理士による家族支援

（1）　児童養護施設における家族支援とは

　さよこさん（仮名）は15歳。10歳の弟がいる。父親はおらず，母親は飲酒の問題を抱えていた。酔った母親は子どもたちにしばしば暴力をふるった。中2の夏，さよこさんは弟を連れて家出をした。盛り場をうろうろしているところを警察に保護された。「家には帰りたくない」といいはり，弟と一緒に施設にやってきた。しばらくは「親とは会いたくない」と拒否していたが，弟が母親と楽しげに外出する様子をみて気が変わったのか，一緒に食事に出かけてもよいといい出した。食事はほど良く楽しい時間となり，いくどかの外出が重ねられる。映画館やゲームセンターに出かけて行き，おみやげ話を持って帰ってくる。母親にクレーンゲームでとってもらったというキャラクターのぬいぐるみは机の上で大事そうに座っていた。やがてきょうだいで半年ぶりに家に外泊に出かけた。1泊2日，帰ってきたさよこさんは「お母さんがお酒を止めてくれるって」とうれしそうに話をした。1年後に家庭復帰。しかしその3か月後，さよこさんは再び施設に戻ってきた。さよこさんの生活は投げやりだった。RWはさよこさんと弟と母親が，たまにでも一緒に外出できるようにとアレンジを続けた。さよこさんは18歳まで施設で暮らし，職と住み処をみつけて自立をした。

　退園から1年ほどたったある日，さよこさんは施設にボランティアにやってきた。小さい子たちと上手に遊んでいるさよこさんに，お茶に添えて頂き物の羊羹を出すと，「これ何？」と尋ねる。「羊羹だよ。甘いよ」，「ふーん」，「食べないの？」，「……これ，持って帰

っていい？」,「いいけど？」,「甘いものってイライラに効くんだって」,「あ,お母さん？」,「そう。イライラするとお酒を飲むんだってさ。仕方ないヤツだよね,大人のくせに」と苦笑いをした。新しい羊羹を包んであげていると,「一緒に住まないとね,いい感じなの。住むとね,お互いイライラするの。離れてた方がいいってことみたい。そんな家族ってありかな？」。さよこさんは羊羹を持って帰って行った。

　児童福祉施設における家族支援とは,端的にいって家族がその家族らしいあり方で暮らしていけるように支援することである。一緒に住み暮らしたいと望んでいる家族には子どもが家庭に戻れるように,願いはあるがともに住み暮らすよりも時間を合わせて会う機会を重ねる方がよい時間を持てる家族にはその時間をつくっていく。家族支援が必ずしも家庭復帰・家庭引き取りのみを目的とした支援ではないということはすでに現場で働く人々の共通理解となっている。家族再統合という言葉もしばしば使われ,その語感からすなわち子どもが家族のもとに帰ることを意味していると考えられることも多いがそうではない。子どもの心のなかに,自分が生きていくエネルギーの源となるようなルーツとしての親イメージを育むために,実際の家族への働きかけと,子どもの内的作業の両側面からサポートを行う。子どもと家族が互いにとって適切な距離感をみつけていく過程に伴走することが,児童養護施設における家族支援であろう。

(2)　ある児童養護施設での家族支援体制

　筆者らの勤める児童養護施設では,数年前から心理士のうち1名が家族支援に特化した役割を担っている。おそらく全国でもそれほど数はないだろう。ベテランの職員が経験知を支えに家族の対応を

するにはRWの経験層が若い施設だったことが背景にある。家族担当である筆者は子どもの心理療法は数名しか担当せず，主に親や家族の心理面接とケースワークをファミリーソーシャルワーカー（FSW）と協働して行っている。ケースワークのうち，FSWは主に児童相談所をはじめとする外部との連携を担当し，進行の全体を見わたしている。筆者はほかの心理士と協力してジェノグラムや年表を作成し，アセスメントに必要な基礎情報を整理する。

　家族との面接には筆者や子ども担当のセラピスト，FSWや管理職，子どもの担当のRWなど複数名が参加することが多い。「子どもと親の立場を組み込むとか，"男性と女性"とか"福祉と心理"とか"管理職と現場職員"など，いろんな人の意見が反映されたり尊重されたりするようにしたい」[53]という思いがその体制づくりをした根底にある。また他の現場における心理療法であっても面接の中断はできる限り避けたいものだが，施設において面接が中断することはすなわち子どもとの交流が妨げられることになりかねない。そのため，従来の心理療法がめざしてきた「私と家族（クライアント）」の関係が構築されるのではなく，「だれかと家族」がつながっている，すなわち施設という場と家族がつながっている状態をつくることで中断のリスクを低減したいと考えている。面接は短くて1時間，長いと3時間ほどかかるので，職員は日課に応じて出たり入ったりしているし，心理士も面接が重なれば部屋を移動して掛け持っていたりもする。電話も入る。もちろん，この家族の場合はこの人が中心となって援助をしているというのができてくるので，その担当者はできる限り時間内は面接の場にいるようにしているし，施設から家族が帰るときにはできるだけ関係者全員で見送るようにしているが，そのオープンな面接構造は，"一般的な"心理面接の場

面では考えられないだろう状態である。しかし，親が関係を持っているのは施設全体であり，援助者のチームである。施設という場に来れば，だいたい見知った顔の人に歓迎されると家族に思ってもらえるようにしたい。季節にあった飲み物を出してもらい，自分の話をそれなりに聞いてもらえ，今後の子どもとの交流の展望がみえるという感覚を親に持ってもらいたい。筆者らが考える家族支援の前提にあるのはそんな思いである。

(3) 児童養護施設における家族支援の実際——ある事例より

まさとくん（仮名）が児童養護施設に入所してきたのは小4の時である。連日夜間に徘徊しており，養父と養母からのネグレクトが疑われた。まさとくんの養父は，もともと彼の叔父だった。彼を1人で育てていた実父が2年前に亡くなってしまい，弟の叔父夫婦が引き取ったのだ。

児童相談所からの連絡でまずは養母がやってきた。「もともと私は無理だっていってたんです。この子の妊娠がわかったときだったし」。養母はすやすやと眠っている1歳の女の子を抱きあげた。「でもあの人が『自分が面倒をみるから』っていったんです。『血のつながりは何より大事だ』って。『見捨てるなんてそんな薄情なことできない』って。じゃあって養子縁組したんですけど。でも結局，ぜんぜん何にもしない。仕事で忙しいとかいって。休みの日だってどこかに出かけちゃって，私が子ども2人をみるんです。でも稼ぎだって少ないんですよ？　この子を保育園と託児所に預けて私だって夜まで働いてます。まさとはこの子の世話もしてくれることもありますし，やさしい子だし。かわいくないわけじゃないけど」，「施設入所ですか？……この子がせめてもう少し大きくなれば……。私，

限界です……」。少し迷って養母は入所に同意した。

しばらくすると養父がやってきた。「こいつがそういうなら仕方がない。好きにしてください」と投げやりに言った。

入所後数か月がたち，面会が許可されると養父母は欠かさず施設にやってきた。面会後の時間は，援助者が家族と面談する一番のチャンスである。毎回，家族面接や両親面接が行われた。養夫の抱える仕事の大変さを聞き取り，血縁のない子どもを育てていた養母の苦労をうかがったりして，話をする時間をたくさん持った。

そんな交流が続いたある日，まさとくんが家族と離れるのをとても嫌がった。「僕も家に帰りたい」。涙目をしているまさとくんに養父がいった。「おれは帰ってきてほしいけどな。こいつがダメだっていうから」。養母は声を荒げた。「私のせいなの？」。妹が泣き出した。まさとくんの担当心理士がまさとくんと妹を別室に連れて行き，きょうだいの時間を持つことにした。

「だいたいまさとを引き取るとき，自分が面倒見るっていったじゃない！　口ばっかりで何にもしないんだから」。養母は興奮していた。「お母さんはまさとくんを大変ななかで一生懸命お育てになってきたんですよね。かわいいところもあるっておっしゃってました。今は施設に預けるのもいたしかたないけれども，妹さんがもう少し大きくなれば一緒に暮らしたいって思われてるんでしょう？」と心理士が声をかけると，少し顔が和らいだ。「そうです。なんでも私のせいにしないでほしい。約束が違います。なんで育てられない子を引き取るって言うのよ？」と養父をにらんだ。「血縁だから……」と養父がいいかけると，「じゃあ面倒見ればいいじゃん」と養母は切り返した。「お父さん，まさとくんを育てたいっていうお気持ちをもう少し言葉を足してお話ししてくださいますか？」と心

理士が頼んだ。

　突然養父は大声を出した。「……俺は殴ってないじゃないか！……まさとをみてるとなんだか腹が立ってくるんだよ。でも手は出さなかったじゃないか！」。少しの沈黙の後、心理士が「……そうですね、手は出されていませんね。それはよく我慢してこられたということですね」と言葉をかけた。「……お兄さんにいじめられてたから？」。養母がいった。「そうなんですか？」。心理士が尋ねると養父はうなずいた。……小さいころに兄からよく殴られた。すごく恨んでいた。でも兄が事故で亡くなる前、兄も父親から暴力を受けていたことを知った。俺は親にはあまり殴られた覚えはない……。いったいだれをうらんだらいいんだろう。「もうだれも嫌な思いをしなくてすむようにってまさとを引き取ったんです。でも……やっぱり兄に似てるんです。どうしてももやもやしたものがわいてきて……」と養父はつぶやいた。「まさとくんを殴ってしまったりして嫌な思いをさせたくなかったんですね。だからまさとくんから離れるようになった。まさとくんを守るための努力だったんですね」と心理士が声をかけた。「そうだったんだ」。養母は目を見開いていった。「そんなこと考えてたんだ。早くいってくれたら良かったのに。……お兄さん、亡くなる前にあなたにすまないっていってたよ。どうかあなたとまさとのことをよろしく頼むって私に頭下げてくれたよ」。それを聞いた養父は泣いた。兄にはいいところもあった。自分が友だちからいじめられていたときに、そいつをやっつけに行ってくれたんだ。「何で死んだんだ」。養父はボロボロと涙をこぼした。葬式では泣かなかったといった。「そのような大変ななか、まさとくんを引き取ってよくここまでやってこられましたね」と心理士が声をかけた。「兄貴も守ってくれましたから」。養父はいった。

これ以降も家族の良い交流は続いた。まさとくんが中学生になり，妹が幼稚園にあがるころ，まさとくんの家庭復帰が叶うことになった。「ありがとうございました。まさとにはつらい思いをさせてしまって申し訳なかったけれども，私の心は穏やかになりました」と養父は語った。まさとは妹の手をつないで「ばいばい！」と帰って行った。

筆者らが考える親にとっての家族支援とは，親の心のなかに，自分はこの子の親であり，自分がこの子を育てていくのだという親イメージと自尊心が芽生えること，親としての自己イメージが育つことである。親の生育歴にあった傷つきが語られることも多いが，それ自体が目的にあるわけではない。そのような大変な困難のなか，よくこれまでがんばってきましたね，とねぎらうために語ってもらうのである。だれからもねぎらわれずに苦労を続けることほど消耗することはない。その消耗は他者への思いやりや感謝の念をすり減らし，やがては暴力や養育放棄，自暴自棄や何かへの依存などとなってあらわれるだろう。ねぎらわれるべきは何かをなしたことばかりではない。先ほどの養父のように受け継いでしまった家族の負の遺産をなんとか自分が食い止めようとするみえざる努力のこともあるだろう。夫婦や家族で面接をする強みは，そのねぎらいが援助者からのみならず，妻や夫，子どもたちからもらえることにある。いつも近くにいる人にねぎらってもらうことは，一時(ひととき)の出会いである面接者からもらうねぎらいよりもずっと長く支えになるだろう。面接者は互いの苦労をねぎらえるような交流の場を設定することが仕事である。

まさとくんの事例は心理的な援助を前面にして記述されているが，もちろん，児童相談所の福祉司や心理司，施設のFSWなど他領域

の専門家との度重なる会議や合同面接，児童相談所による調査や面接，家庭訪問等も行われていた。児童養護施設における家族支援はこれまでソーシャルワークなど福祉領域からの支援を主軸に議論されてきたように思う。髙田・田附にまとめて報告されているが，心理的な観点で行われている援助の報告は，たとえば野口など養育技術を高めるための心理教育的アプローチが中心であり，心理臨床的なアプローチで行われているものは，西原らや西田などがわずかにみられるのみである。施設における家族支援とは司法や教育，医療保健領域などと協働しながら，福祉的観点と心理的観点を両軸に行われるものだと考える。児童虐待の発生は家族内の関係性の不調に由来する。まずは継続的収入や住処を整えて，社会経済的安定を図り，そこから生活や心の安定を育む場合もある。人とのつながりをつくり，心理的・医学的な混乱や負荷を整理し，親としての養育スキルを高めて，そこから自尊心の高まりと社会生活の安定を図る方向もあるだろう。多方面からの道筋があり，個々のケースに応じてそのバランスが問われる。どの観点からアプローチを行うのかは，援助者側のアセスメントと家族の個々のニーズによって決まるだろう。そこに隔たりがある場合はその調整から援助がスタートする。

（4） 家族支援における心理士の役割とは

2003（平成15）年度の厚生労働省社会保障審議会児童部会による報告書では，「児童福祉施設においては，施設に入所した子どもの家庭復帰や家族再統合に向けて，（略）児童相談所等の幅広い関係者と連携しつつ，家族への支援や親権者との関係調整を適切に実施していくことが必要である」とされる。ここでは家族支援における心理士の役割の中でもアセスメントと心理面接のスキルについて，

述べてみよう。

▼アセスメント

　家族支援を行う際のアセスメントでは特に，①虐待や養育困難の発生のメカニズムの仮説を複数立てること。その際に少なくとも3世代（できれば4世代が望ましい）にわたるジェノグラムと年表をつくり，家族の多世代にわたる関係性の視点からの仮説を含ませること，②親のパーソナリティや病理をアセスメントして，それが養育行動にどのように影響するかを考えること。たとえば統合失調症という病が，親が子どもに接する際にどのような不利益を与える可能性があるのか，病気が高まっているとき以外は子どもに何を与えているのか，を考えること。③子どもの状態を理解して，それが家族からどのような影響を受けているかを想像すること。一時保護所や学校での様子など，異なる環境におかれた際に子どもにどのような言動の変化が起こるかでおおよその見当がつく。④そしてこれら心理的アセスメントを他職種にわかりやすく伝えること，が重要である。

　このようなアセスメントの作業は，子どもが入所する前，家族と実際に出会う前から始まる。援助チームでディスカッションをして，共有できる部分と，職種や経験，立場によってできない部分を残しながら，複数の仮説を活かしておく。"常識"や日常感覚ではどうも引っかかる点を大事にとらえることはアセスメントの手がかりになる。まさとくんの事例の場合は「養父はそのような義務がないのにまさとくんを養子縁組して，ずっと面倒をみる覚悟をしていることになる。にもかかわらず面倒はみない。どうしてだろう？」。まさとくんの実父が亡くなっていることから，実父と養父，つまり兄

弟の間に何か事情があったのではないか，兄弟間で事情があるということは，そのうえの世代とも葛藤があるかもしれない。実父の死因は何だろう？　ひょっとして養父がかかわっているのだろうか——。その時点では情報不足でよくわからないことも多いので，疑問をたくさん留めておく。湧いた疑問を少しずつ理解していく過程が，家族に生じた歴史を理解していく過程に重なることも多い。援助の仮説が再構成されていく過程でもある。

▼ 心理面接のスキル

　心理面接，とくに家族など参加者が複数名いる面接のスキルでは，①まずは目の前にいるクライエント1人ひとりの気持ちに共感し，腑に落ちた内容を言葉にして届けること。これは丁寧にしてしすぎることはない。家族メンバーが複数参加している場合は，それぞれに肩入れしながら共感する家族臨床の技法（多方向の肩入れ）[58]が参考になる，②それとともに何が現実に起こっているのかという事実を確認すること。語りや共感で主に構成される個人心理臨床の場とはいささか異なり，事実を確認することが肝となる事例も多い，③面接に馴染ませながら親としての養育スキルや一般的な子どもの発達について伝え，試行錯誤する場を保証すること。ペアレントトレーニングに参加しやすい保護者はその可能性も探るとよい。④夫婦や親子のコミュニケーションがスムーズになるように交通整理をすること。言葉を足して誤解を正す，パワーの強すぎる人に待ったをかけ，声の小さな人に機会を与える，などが求められるだろうか。これらは心理療法を専門にするものが，関係性の視点を入れた理論と実践を学ぶことで網羅できる視点であろう。それとともに，社会に開かれた姿勢，人間の日常生活に根ざした感覚，そして粘り強い

忍耐力がいっそう求められる実践現場である。

(5) 家族支援における施設心理士の役割

これまで挙げた事例は、今まで筆者が経験してきた事例を大幅に改変した創作であるが、施設で出会うのは上記のように多少なりとも子どもや家族が生きやすくなったと感じられる事例ばかりではない。施設への対峙的な姿勢が継続する事例もあるし、家族とちっとも連絡がつかない事例もある。何年もかかって行ってきた援助の道筋があっという間に崩れていくような感覚に襲われる事態も少なくない。そんな時は施設のなかでチームによる援助をしていることがことさら生きる。

児童養護施設において、心理職が家族支援に携わっているところはまだまだ少ない。非常勤職が多いことや子どもの心理面接だけで時間が費やされてしまう体制の問題も少なくないだろう。しかし実際に親と会わなくても、子どものなかにある親イメージを育んでいくことはできるだろう。子どもは心理面接や生活場面の中で、自分の生まれたいきさつやその後の育ち、親が自分に手ひどい扱いをしたこと、施設にやってきた経緯、自らのゆく先について語ったり表現したりするだろう。子どもがたしかな親イメージを持つということは、たしかな自分イメージを持つことと同義である。児童養護施設における家族支援とは、現実的な家族と心のなかにある家族の両方を視野に入れて、子どもと家族が少しでも生きやすくなるようなプロセスに同行することだろうと考える。

〈引用・参考文献〉
(1) 村瀬嘉代子『子どもの福祉とこころ』新曜社、2002年。

(2) Axline, V. M., *"Play therapy"*, New York, Ballantine, 1947 (=小林治夫訳『遊戯療法』岩崎学術出版社, 1972年).
(3) 西澤哲『トラウマの臨床心理学』金剛出版, 1999年。
(4) Gil, E., *"The Healing Power of Play: Working with Abused Children"*, New York, Guilford Press, 1991 (=西澤哲訳『虐待を受けた子どものプレイセラピー』誠心書房, 1997年).
(5) Cohen, J. A., Mannarino, A. P., Deblinger, E., *"Treating Trauma and Traumatic Grief in Children and Adolescents"*, New York, Guilford Press, 2006.
(6) Shapiro, F., *"Eye movement desensitization and reprocessing: Basic principles, Protocols, and Procedures"*, New York, Guilford Press, 2001 (=市井雅哉監訳『EMDR──外傷記憶を処理する心理療法』二瓶社, 2004年).
(7) Schauer, M., Neuner, F., Elbert, T., *"Narrative Exposure Therapy A Short-Term Intervention for Traumatic Stress Disorders after War, Terror, or Torture"*. Washington, Hogrefe & Huber Publishers, 2005.
(8) Bowlby, J., *"Attachment and Loss"*, Vol. 1, Attachment, London, The Hogarth Press, 1969 (=黒田実郎ほか訳『母子関係の理論Ⅰ　愛着行動』岩崎学術出版社, 1976年).
(9) Bowlby, J., *"Attachment and Loss, Vol. 2, Separation: Anxiety and Anger"*, London, The Hogarth Press, 1973 (=黒田実郎・岡田洋子・吉田恒子訳『母子関係の理論Ⅱ　分離不安』岩崎学術出版社, 1977年).
(10) Zeanah, C., Scheeringa, M., Boris, N., Heller, S., Smyke, A., Trapani, J., *"Reactive attachment disorder in maltreatedtoddlers"*, Child Abuse and Neglect, 2004, 28, pp. 877-888.
(11) Tizard, B., Hodges, J., *"The effect of early institutional rearing on the development of eight year old children"*, Journal of Child Psychology and Psychiatry, 1978, 19, pp. 99-119.
(12) Tizard, B., Rees, J., *"The effect of early institutional rearing on the behavior problems and affectional relationships of four-old children"*, Journal of Child Psychology and Psychiatry, 1975, 16, pp. 61-73.
(13) Chisholm, K., *"A three year follow-up of attachment and indiscriminate friendliness in children adopted from Romanian orphanages"*,

Child Development, 1968, 69, pp. 1092-1106.
(14) Chisholm, K., Carter, M., Ames, E., Morison, S., *"Attachment security and indiscriminately friendly behavior in children adopted from Romanian orphanages"*, Development and Psychopathology, 1995, 7, pp. 283-294.
(15) O'Connor, T., Marvin, R., Rutter, M., Olrick, J., Britner, P. and the English and Romanian Adoptees Study Team, *"Child-parent attachment following early institutional deprivation"*, Development and Psychopathology, 2003, 15, pp. 19-38.
(16) Rutter, M., O'Connor, T. and the English and Romanian Adoptees Study Team, *"Are there biological programming effects for psychological development? Findings from a study of Romanian Adoptees"*, Developmental Psychology, 2004, 40, pp. 81-94.
(17) 西澤哲「幼児期後期から学童期の子どもの愛着とトラウマに焦点を当てた心理療法」『トラウマティック・ストレス』No. 6, 2008年, 24-32頁。
(18) 徳山美知代・森田展彰・菊池春樹「児童養護施設の被虐待児童とケアワーカーのアタッチメントに焦点をあてたプログラムの有効性の検討」『子どもの虐待とネグレクト』No. 11, 2009年, 230-244頁。
(19) 田中康雄「発達障害と児童虐待 (Maltreatment)」『子どもの虐待とネグレクト』No. 7(3), 2005年, 304-312頁。
(20) 加藤尚子「児童養護施設における心理療法担当職員による心理的援助と課題」『立教大学コミュニティ福祉学部紀要』No. 7, 2005年, 1-11頁。
(21) 西澤哲『子どもの虐待——子どもと家族への治療的アプローチ』誠信書房, 1994年。
(22) 森さち子『症例でたどる子どもの心理療法——情緒的通いあいを求めて』金剛出版, 2005年。
(23) 加藤尚子, 前掲書(20)。
(24) 村瀬嘉代子『統合的心理療法の考え方』金剛出版, 2003年。
(25) Spitz, R. A., *"Anaclitic depression"*, Psychoanal Study Child, 1946, 2, pp. 313-342.
(26) Bowlby, J., 前掲書(9)。
(27) 伊東ゆたか・犬塚峰子・野津いなみ・西澤康子「児童養護施設で生活

する被虐待児に関する研究（1）――現状に対する子どもの否定的思いについて」『子どもの虐待とネグレクト』, 2003年5(2), 352-366頁。

(28) 山上雅子・松尾正澄「自己の歴史性と共同記憶――養護児童における自己形成の問題」京都国際社会福祉センター紀要『発達・療育研究』, 1998年, 14, 17-30頁。

(29) Van der Kolk, B., McFarlane, A., Weisaeth, L., *"Traumatic Stress: The Effects of Overwhelming Experience on Mind, Body, and Society"*, 1996, New York, The Guilford Press (＝西澤哲訳『トラウマテック・ストレス――PTSD反応の臨床と研究のすべて』誠信書房, 2001年).

(30) 家庭養護促進協会『うちあける――真実告知事例集（改訂版）』社団法人家庭養護促進協会, 2004年。

(31) 桐野由美子「法律化されたアメリカのオープンアダプション」『京都ノートルダム女子大学研究紀要』, 2000年, 30, 77-91頁。

(32) 古澤頼雄「非血縁家族を構築する人たちについての文化的考察――その人たちへの社会的スティグマをめぐって」『東京女子大学比較文化研究所紀要』, 2005年, 66, 13-25頁。

(33) Feast, J., Marwood, M., Seabrook, S., Webb, E., *"Preparing for reunion"*, The Children's Society (＝大谷まこと監訳『実親に会ってみたい――英国の児童保護システムにみる養子・実親・養親のリユニオン』明石書店, 2007年).

(34) Fahlberg, V. I., *"A Child's journey Thorough Placement"*, New York, Perspectives Press, 1991.

(35) 庄司順一『フォスターケア――里親制度と里親養育』明石書店, 2003年。

(36) Burnell, A., Archer, C., Setting up the loom: Attachment theory revisited. In Archer, C., Burnell, A. (eds) *"Trauma, Attachment and Family permanence: Fear Can Stop You Loving"*, London: Jessica Kingsley Publishers, 2003.

(37) Price, E., The 'Coherent Narrative': Realism, Resources and Responsibility in Family Permanence. In Archer, C., Burnell, A. (eds): *Trauma, Attachment and Family permanence: Fear Can Stop You Loving*, London: Jessica Kingsley Publishers, 2003.

(38) Ryan, T., Walker, R., *"Life Story Work A practical guide to helping*

　　　 children understand their past", London: BAAF, 2007.
⑶⑼　Rose, R., Philpot, R. T., *"The Child's Own Story Life Story with Traumatized Children"*, London: Jessica Kingsley Publishers, 2005.
⑷⓪　Turnell, A., Essex, S., *"Working with 'Denied' child abuse: The Resolutions Approach, 1st edition"*, Open University Press, 2006（＝井上薫・井上直美監訳『児童虐待を認めない親への対応——リゾリューションズ・アプローチによる家族の再統合』明石書店，2008年）.
⑷⑴　Burnell, A., Archer, C., 前掲書⑶⑺.
⑷⑵　Vaughan, J., Rationale for the intensive programme. In Archer, C., Burnell, A.（eds）*"Trauma, Attachment and Family permanence: Fear Can Stop You Loving"*, London: Jessica Kingsley Publishers, 2003.
⑷⑶　大野紀代「生い立ちの整理について」『第17回関東ブロック児童養護施設職員研修会報告書』，2002年，57-61頁.
⑷⑷　藤澤陽子「暁学園の子どものアセスメント面接プログラム」児童虐待防止対策支援・治療研究会編『子ども・家族への支援・治療をするために』日本児童福祉協会，2004年.
⑷⑸　東京都児童相談所『虐待を受けた子どもの心理診断の手引——回復への支援に向けて』東京都児童相談所，2007年，121-128頁.
⑷⑹　楢原真也「児童養護施設の子どもの自己形成のための援助——生活場面の記録の分析を通して」『子どもの虐待とネグレクト』，2008年，10(3)；344-352頁.
⑷⑺　楢原真也「児童養護施設におけるライフストーリーワーク——子どもの歴史をつなぎ，自己物語を紡いでいくための援助技法」『大正大学大学院研究論集』，2010年，34.
⑷⑻　Gardner, R. A., *"Therapeutic Communication with Children: The Mutual Storytelling Technique"*, New York: Jason Aronson, 1971.
⑷⑼　Committee for Children, *"Second Step Kindergarten Kit"*, Seattle, 1991.
⑸⓪　Redl, F. & Wineman, D., *"Children Who Hate: The Disorganization and Breakdown of Behavior Controls"*, Free Press, 1951（＝大野愛子・田中幸子訳『憎しみの子ら——行動統制機能の障害』全国社会福祉協議会，1975年）.
⑸⑴　竹中哲夫『児童集団養護の理論』ミネルヴァ書房，1985年，87-86頁.

(52) 西澤哲,前掲書(3)。
(53) 田附あえか・大塚斉,Ⅱ.話題提供.東京都・首都大学東京連携研究シンポジウム報告書「児童養護施設における家族再統合のための支援――心理職になにが出来るか」,2007年。
(54) 髙田治・田附あえか「被虐待児の支援」『児童心理学の進歩2011年度版』(50),金子書房,2011年,231-254頁。
(55) 野口啓示『被虐待児の家族支援――家族再統合実践モデルと実践マニュアルの開発』福村出版,2008年。
(56) 西原尚之・稲富憲朗・平田ルリ子「家族再統合の課題としての世代間葛藤――施設ソーシャルワーカーが行う日常的家族療法」『アディクションと家族』,2006年,22,373-380頁。
(57) 西田泰子「情緒障害児短期治療施設から――共同治療者として保護者と向きあう時の姿勢や工夫」『精神療法』,2006年,32(4),14-20頁。
(58) 中釜洋子『家族のための心理援助』金剛出版,2008年。

(第1節・第2節　楢原真也,第3節　木村秀,第4節　田附あえか)

# 第4章

レジデンシャルワーカーと
組織への心理支援

　施設心理士の役割として，システムの改善，そして子どもとかかわるRWの支援をとおして，子どもを取り巻く環境である施設という組織全体を，心理支援的なものにしていくという視点は重要である。本章では，子どもへの心理支援を目的として，施設内暴力への対応やマルトリートメントの防止を目的とした研修，心理コンサルテーションの方法など，施設心理士が行う組織やRWに対しての心理支援の具体例や方法について述べる。

第4章　レジデンシャルワーカーと組織への心理支援

1　施設内での児童間の性的暴力への取り組み

（1）　施設における児童間の性的暴力

　現在，全国の児童養護施設で，児童間の性的暴力問題が頻発している。公になっていない・発覚していないものもあわせれば，「児童間での性的暴力問題がない・起こっていない施設などない」といった方が実態に近いのではないだろうか。児童間の性的暴力問題は，どの施設でも起こり得ると考え，対応していくことが必要であろう。そのためにはまず，児童養護施設と施設に入ってくる子どもたちには，児童間の性的暴力問題が起こりやすい背景があることを理解しなくてはならない。

▼「無力感」と「支配－服従関係」

　施設で児童間の性的暴力問題が起こりやすい背景の1つには，施設で暮らす子どもたちの心に深い「無力感」が刻み込まれていることと，彼らが経験し身につけてきた「支配－服従」関係が考えられる。

　児童養護施設で暮らす児童の約6割が被虐待児である現状をふまえれば，施設で暮らす子どもたちの多くが，自分の存在を尊重されずに，むしろ自分の存在価値を貶められるような体験を重ねてきたことは想像に難くない。養育者の顔色をうかがったり，養育者の気分に振り回される人生を送ってきた子どもは，自分の価値を実感できず，自信を持てず，深い無力感を抱える。彼らの人生の大半は，養育者に支配されてきており，彼ら自身ではコントロールすることができなかった。自分の「無力」を常に感じさせられて生きてきた

のだといえよう。

　ところで、児童間の性的暴力問題以上に、施設内での児童間の威圧的言動や暴力行為は、残念ながら日常的なものとなっている。[1]年上の者や力の強い者が、年下の者や力の弱い者を力で支配する構造は、施設のなかではあまりに日常化していて、ともすれば見すごしてしまう危険すらある。施設内にありふれている「力による支配」の構造は、子どもの心に刻みこまれた「無力感」と、身につけてきた「支配－服従」関係とが大きく影響していると考えられる。

　心のどこかで、「自分は価値のない人間であり、無力な人間なのだ」と思いながら（思わされながら）生きていくことは、だれにとってもつらくしんどい。子どもたちは、自分は価値のない人間であり、無力な人間であるという思いを、何とか打ち消したいと常々思い、自分は価値のある人間であり、力があるのだと実感したいと切実に思っている。

　自分を脅かす無力感を打ち消し、自分には力があること、自分は自分の人生をコントロールできるのだということを実感したいがために、他児を支配し、コントロールする「力による支配」へと彼らを向かわせる。その際、加害者への同一視を行うことで自分の無力感を払拭しようとし、かつて自分を支配した養育者（や施設の上級生）の行動様式をなぞる形で暴力や威圧的言動が行われる。家庭や施設での支配－服従関係の様式が、施設での今現在の児童間の支配－服従関係に受け継がれていくのである。

　暴力や威圧的言動への対応の際には、その背景にある支配－服従関係という「力による支配」の構造と、子どもの心に刻み込まれた絶望的な無力感を念頭に置く必要がある。

　児童間の性的暴力問題の本質は、性的行為を手段とした「力によ

る支配」であると考えられる。児童の心に深く刻まれた無力感や，身についた支配－服従関係は，暴力行為や威圧的言動を引き起こすのと同様に，性的暴力問題をも引き起こす。暴力行為や威圧的言動があるところには，性的暴力問題が潜んでいるといわれるのはそのためである。施設内での児童間の性的暴力問題の背景には，その前提として支配－服従関係が存在しており，性的暴力問題は，支配関係の構造のなかの1つとして現れる。性的虐待の被害にあって施設に入った子どもや，施設内で上級生から性的暴力を受けた子どもが，のちに性的暴力の加害者になるケースがめずらしくないことからも理解できるように，性的暴力には，性的行為によって支配され無力感を味わった者が，性的行為によって他者を支配し，己の力を実感しようとする構造が内包されているのである。(2)

▼性化行動と再被害

　施設内で児童間の性的暴力問題が起こりやすいもう1つの背景には，性的虐待を受けた子どもの「性化行動（Sexualized behavior）」が，児童間の性的な被害や加害を誘発していることが考えられる。性化行動とは，性的暴力を受けた子どもが年齢不相応な性的関心や性的行為を示すことである。性的暴力を受けた子どもが露出の多い服を着たがるケースはよくみられるが，その他，性化行動によって，性的な被害を自ら呼び込んでしまったり，加害者に転じて，自分がされたことを他児に行うなど，性的な被害加害が起こりやすい状況がつくられている。

　性化行動を示す主な原因としては，①性的虐待の際に大人から「お前を愛しているから」性的な行為をするのだというメッセージを送られたために大人との人間関係を性的なものと学習し，愛情と

性的行動を混同する，②大人あるいは年長児童（きょうだいなど）が自分に向けてくる性的な行為がどのような意味を持つのか理解できないため，その意味を知ろうとして他者に性的な行為を行う場合がある，といわれている[3]。

児童間の性的加害・被害を防いだり，最小限に抑えるためには，子どもの示す性化行動についての理解を深め，敏感であることがRWには求められている。

▼施設に巣食う「伝統」

杉山によれば，児童養護施設のなかには，年長児が年少児に性的暴力を行う「伝統」あるいは「文化」がある場合がめずらしくないという。年長児による年少児への性的暴力がRWのあずかり知らぬ「子どもの世界」では当たり前のこととして昔から続いており，被害を受けた子どもが長じると，自分が年少時にされたことを年少児に対して行うことが連綿と繰り返されている場合があるのだという[4]。前述のように，施設に入ってくる子どもには，深刻な無力感を抱え，「支配－服従」関係が身についている場合が少なくない。それに加え，もし施設内に子どもたちが，性行為を手段として自らの無力感を払拭するための盤石な「伝統」が存在しているのだとすれば，残念ながら，施設内で児童間の性的暴力問題が生じる素地が整っていると考えることもできよう。

▼現行システムの課題

児童養護施設の職員配置基準は，1979（昭和54）年から30年あまり変わっていなかった。2011（平成23）年の「児童福祉施設最低基準等の一部を改正する省令（2011〔平成23〕年6月公布施行）」に

よって，ようやく職員配置基準や設備基準等の見直しが実現したものの，大舎制と呼ばれる昔ながらの大量収容的な形態のままの施設もまだまだ少なくない。その旧態依然とした施設に，ここ10年間で，被虐待児が6割近くも暮らすようになった現状がある。対応の困難な，さまざまな不適応や問題を呈する被虐待児を従来のRW数で対応していくことは，実際のところきわめて困難である。サービス残業が常識の児童養護の現場にあって，若手のRWは燃え尽きて短期間で辞めていく。RWの入れ替わりが頻繁で，経験値の低い若手職員ばかりの現場では，問題を抱えた子どもたちに十分な対応がなされない。RWの目の行き届かない，対応しきれない状況のなかで，子どもの発するさまざまなサインは見逃され，問題は拡大していく。かくして施設での子どもの生活環境，RWの職場環境は悪化の一途をたどる。

　虐待を受けた子どもを十分にケアできない現在の児童養護施設の状況は，RWの努力でだけではどうにもならず，制度上の構造やシステムの問題を有しているといえる。現状のシステムのまま，多くの被虐待児を受け入れ続けることは，現在のシステムのなかで子どもたちがさらに苦しむ状況が存在していることを見逃してはならない。

（2）　自分たちの取り組み（プログラム作成の経緯）

　「児童福祉施設心理職研究会『たんぽぽ』」は，公立児童養護施設に勤める施設心理士がメンバーとなって結成された。当時，各施設に1名ずつ配置された非常勤施設心理士の集まりであった。児童養護や虐待の問題等について右も左もわからない者がほとんどであり，未知の児童養護施設という職場で，自分がどのように機能していけ

ば良いのかわからず，途方に暮れているような状態であった。必要に迫られる形で各施設の施設心理士は，同じビギナーとして自主勉強会を持つようになり，次第に自らの困惑や戸惑い，疑問などを互いに共有し，支え合う集団になっていった。2004（平成16）年からは，母体となる法人の了承を得て正式な組織として発足した。そのなかで施設心理士だけでなくRWにも役に立つことをしたいと考え，当時最もメンバーの頭を悩ませていた児童間の施設内の性的暴力問題への対応に取り組むことになった。

　当時，メンバーはみな，自分の職場である児童養護施設内で性的な問題がしばしば起こることに当惑し，強い無力感を抱えていた。問題が発覚すると，RWから施設心理士にその対応が求められることがしばしばあったが，実のところ，何か手を打たねばと思っても，どこから手をつけていいのか，どう対応していいのかわからなかった。加えて，「性的事故」が起きたときの施設のとる対応や，RWのとる対応には，ビギナーの施設心理士とはいえ，納得できない部分が少なくなかった。加害児がいつのまにか施設からいなくなり，他児には一切説明されないことは普通であり，被害児のことを「あの子だって悪いのよ。嫌ならついていかなきゃいいのに」と平気でうそぶくRWも1人や2人ではなかった。そして，そのような状態が，自分の勤務する施設だけではなく，他の施設でも同様に起こっている事実にも圧倒されていた。

　自分たちの無知無力，不十分な現状の対応，今後も避けては通れないという認識，そして何よりも被害を受け深く傷ついた被害児や，いつのまにか児童自立支援施設へ措置変更されていく加害児という現実を前に，「このままではいけない」という悲痛な思いが施設心理士のなかには共通してあった。

答えやヒントを求めて役に立ちそうな書籍や文献にあたるのはもちろんのこと，学会や研究会などにがむしゃらに足を運び，その対応について意見交換を重ねた。次第に，施設内での性的暴力問題は，全国のあらゆる施設で頻発しており，起こるべくして起こる問題であることがわかってきた。だが同時に，自分らの前に立ちはだかる問題が，児童への対応のみならず，RWの意識や施設のあり方まで考えてゆかねばならない，小手先の対応では解決することのできない巨大な問題であることをも見えてきた。

　そのなかで正式な組織が発足し，1人では荷が重くとも同じ思いを持つ仲間が力を合わせて取り組む体制が確保されたことで，「施設内で起こる児童間の性的暴力問題」という難題にふみ出す勇気を持つことができた。それが，施設内で起こる児童間の性的暴力に関する対応マニュアルを作成することにつながった。その当時，自分たちが求めていた施設内での性的暴力問題に対する具体的な対応策について，整理されたものは見あたらなかった。

　まずわれわれは，今まで「性的事故」と呼ばれることの多かった施設内の児童間の性的問題（性的な加害，被害）行動を，あえて「性的虐待」と呼ぶことにした。現在では同様の問題は「児童間の性的暴力」と表現されることが通常となっているが，その当時は，無為無策のなか，目の前で繰り返し起こっていることを，事故と呼ぶ業界の習わしに強い違和感を抱いていた。事故といういい方に「たまたま起こってしまった仕方のないこと（だから，事前にどうにかすることはできなかったのだ。自分たち〔職員〕のせいではない。責任はない）」という言い訳めいたうしろ向きのニュアンスを感じていた。

　前述のように，施設内での性的な問題行動には，それに至る背景

や理由，原因があり，「たまたま起こる」問題ではなく，「起こるべくして起こる」問題であるという認識が必要である。そこで，「性的事故」という表現に含まれる「たまたま起こってしまった」というアクシデント的なニュアンスを排除するために，あえて「性的虐待」という言葉を用いることにした。加えて，「性的虐待」を用いることで，（厳密には区別できないものの）支配関係にとらわれない「同意」や「恋愛」にもとづく性的行為と区別した。マニュアル作成当時の趣旨をふまえ，以後は児童間の性的暴力について，ここではあえて「性的虐待」と表現していく。

　話し合いは，「施設内での性的虐待問題に対応」を考えるうえで必要な事柄は何かを検討することから始まり，そもそも，施設内の性的虐待とは何を指すのか，予防策はあるのか，予防せねばならない状況はどうして起こるのか，問題が発覚したときにどのように対応すべきか，他児にはどのように説明するのか等々，検討すべき項目が次々に明らかとなった。

　施設心理士が現場で経験してきた施設やRWの対応への違和感や憤（いきどお）りも，望ましい対応を考える際の反面教師となった。被害児に「どうしてもっと早くいわなかったの！」，「嫌なら，どうしてついて行ったの！　職員にいわなかったの?!」と感情的に叱る職員，男性職員や男児にべたべたしたり，露出の多い服装をしがちだった被害女児を「あの子も悪いのよ。むしろあの子が誘ったんじゃないの？」という職員。職員にそういわせているものは何か，といった疑問から，「性」の問題は職員の年齢や個人的な価値観に大きく影響を受けざるを得ないことに気づいていった。対応する職員の問題を突き詰めていくと，職員の2次的外傷やバーンアウトの問題も取り扱わざるを得なくなった。1度性的虐待の問題が起き，職員が以

前よりも性的問題に敏感になっていてもなお，その後も同様の問題を防ぎきれない背景を考えていくと，男女混合縦割りの児童編成や，死角の多い構造などといった施設のハード面や児童編成，運営などについても検討せざるを得なくなった。

　平易な表現をこころがけ，抽象的な表現にとどまっている場合は，具体例を入れるなどし，「現場の職員がとっつきやすく，いざというときに紐とける現場で役立つ対応マニュアル」をめざした。そして，対応マニュアルをテキストに施設内部で研修を行うことを想定し，いざというときに適切に対応できるよう，実際に職員が児童間の性的問題を目撃した場面を設定し，被害児，加害児にどう対応するか，どのように聞き取るかという，実践型のロールプレイを内容に盛り込んだ。こうして，児童福祉施設心理職研究会「たんぽぽ」の施設心理士による「児童養護施設内で起こる児童間の性的虐待への対応」研修プログラムが作成された。

（3）プログラム概要

　研修プログラムは，「児童養護施設内で起こる児童間の性的虐待への対応」と題した20頁(ページ)に及ぶマニュアルを用いた講義と，ロールプレイ（＋台本）から構成されている。

　マニュアルは，「対応フローチャート」に続いて，全5章で構成されている。第1章「当該児童への対応」，第2章「周辺の児童への対応」，第3章「検証」，第4章「予防」，第5章「性的虐待にかかわったCCWへの対応」である。ここでは，第1章「当該児童への対応」と第4章「予防」の内容について，くわしく紹介したい。

▼当該児童からの聞き取り

　第1章「当該児童への対応」は，施設内で児童間の性的暴力が発覚した際の当該児童（加害児と被害児）への対応について整理されている。

　施設内で児童間の性的虐待が発覚した場合，まずは被害児と加害児を物理的に分離し，双方から事情を聞くことになる。

　①職員が落ち着く：まず何よりも大事なのは，職員自身が動揺を鎮めて落ち着くことである。職員が動揺して感情的になったままでは，丁寧で配慮の行き届いた対応を行うことは困難である。聞き取りに入る前に深呼吸などをして，職員自身が気持ちを落ち着かせることが必要である。

　②当該児童の物理的分離：職員が落ち着いたあとは，加害児童と被害児童の物理的分離となる。多くの場合，被害児童は加害児童から性的虐待の事実をほかへ話さないように脅かされ圧力をかけられており，双方が同じ空間，近い空間にいる場合，被害児が安心して証言することは困難である。したがって，聞き取りを適切に行うためには，当該児童を物理的に離し，他児の声が聞こえたり入ってこない，あるいは鍵のかかる守られた安心できる空間を用意することが必要である。この点は加害児に対しても同様である。たとえば反省部屋で1人で反省させるなどの対応は，性的加害に至る背景をふまえれば，効果の期待できない表面的な罰に過ぎず，差し控えるべきである。

　③聞き取りに臨む職員の姿勢：聞き取りに臨む際の，留意点についていくつか紹介しよう。まず，何よりも大事なのは，耳を傾けて聴き，子どもの気持ちを受容する姿勢である。職員が子どもの話をきちんと聞こうとしなかったり，信じようとしないと，子どもはひ

どく傷つき，大人に期待したり助けを求めることをやめてしまう。また聞き取りは，とかく言葉による事実確認に終始しがちだが，当該児童の非言語的な様子にも目を配り，総合的にアセスメントする姿勢を持って臨みたい。子どもがいいにくそうにしていたら，「だれだったら話ができる？」と聞いてみることも効果的である。当該児童が職員の確認したいことをスラスラと話してくれることなどまずないので，子どもの状況やニーズに応じて後述するさまざまな質問を用いたり，絵を描かせたり，子ども自身の体を指し示させたりするなど，対応には柔軟な姿勢を心がけたい。

　子どもが「ほかのだれにもいわなければ……（話す）」と条件を出してきたときに，安易に「だれにもいわないから話して」と応じてはいけない。実際は，ほかの職員や管理職，関係児相などに報告しなければならず，結果的に子どもを裏切ることになるのは目にみえている。このような場合は，「とても心配なことなので，別の職員に話さなくてはいけない」と応じ，これからこの問題がどのように扱われるのかを真摯(しんし)に伝えるべきである。

　当該児童に対しては，「あなたは悪くない」というメッセージを伝えていくことは非常に重要な点である。被害児童のなかには「自分も悪いことをした」，「自分は悪い子だから，いやなことをされても仕方がない」と思い込んでいる子どもが少なくない。職員は「あなたは悪くない」，「あなたはこのような目にあって仕方がないような存在ではない」というメッセージを伝え続け，エンパワメントしつつ歪んだ子どもの自己イメージの修正を図る。一方，加害児童に対しては，感情的になって「お前はひどい人間だ！」と人格すべてを否定してしまうことは，やってしまいがちな分，厳(げん)に戒(いまし)めねばならない。加害児童がかつての被害児童である可能性も念頭に置きな

がら，目前の出来事だけをみて許しがたい行為をした加害者とレッテルを貼ってしまわぬよう気をつけたい。

　④聞き取りに関するガイドライン：まず，聞き取りをする場所（部屋など）について，「ここは安全だよ」と保障し，「あなたのことを心配しているよ」と伝える。そして，子どもが自分のペースで話したいところから話せるように「開かれた質問」から切り出すのが望ましい。これは，「はい」，「いいえ」で答えられるような質問ではなく，「何が起きたの？」，「どういう風に始まったの？」などと５Ｗ１Ｈで始まる聞き方で自由な表現や回答を引き出す質問である。開かれた質問に子どもが答えてくれたら，その内容について，さらに「いつごろから始まったの？」などと開かれた質問をして内容を明確にしていく。その際，職員が子どもの話を遮ったり，問いただしたりすることは差し控えたい。

　いいやすいはずのないことについて聞こうとしているのだから，子どもが質問に答えられるようじっくり待って，次の質問まで間隔を置くとよい。子どもから言葉が出てきたら，「もっと話して」，「それから何があったの？」と促すことも効果的である。

　被害が長期にわたっている場合，被害児童はその１つひとつを正確には覚えていないかもしれない。そんなときは，「最初に起きたエピソード」や「一番覚えているエピソード」を聞いたり，「よくあるパターン・典型的なパターン」を聞いてみると回答が得られる場合がある。個々のエピソードを具体的には覚えていなくとも，「それはたいていどういう風に始まるの？」，「あなたはたいてい，どこにいるの？」などと聞くことで，子どもはそれがいつ，どこで，どのように始まるのかについての，よくあるパターンを話すことができる。よくあるパターンがわかったら，たとえば，「違う場所で

もあったのかなあ？」と聞いて，通常のパターンとは違うパターンについて確認することもできる。

「開かれた質問」によって子どもが口を開き始めたものの，具体的な話がなかなかできないような場合，多肢選択式の質問を用いることで，「いつ」，「どこで」といったエピソードの経緯を明確にしやすくなる。多肢選択式の質問を用いる際は，「居間で起きたの？ 寝室？ それとも別の部屋？」と子どもが職員の提示した選択肢以外の回答ができるように，選択肢をつけ加えておく。

⑤聞き取りの終結：いいにくいことを話してくれた子どもに対し，「今日はたくさん話してくれてありがとう」と率直に感謝の言葉を伝えたい。子どもは事実を打ち明けたことで，その後の成り行きに強い不安を感じていることも少なくないため，「これからのことで何か聞いておきたいことはある？」と，子どもが不安を表現したり，質問する機会を提供する。そして，「今まで気づかなくてごめんね。これからはあなたをちゃんと守るからね」と，子どもを守る立場の職員が児童間の性的虐待に気づかなかったことに対して謝罪し，今後の安心できる生活を保障する。

⑥聞き取りの注意点：「だれが聞き取りをしたらいいのか？」。子ども自ら職員に打ち明けてきた場合，子どもがその職員をほかのだれよりも信頼していると考えられる。したがって，子どもから打ち明けられた職員が聞き取りを行うことが基本であり，「聞き取る自信がない」，「施設心理士の方がいいのでは」といって安易に面接者を変えることは差し控えたい。子どもが打ち明けられないでいる場合は，「だれにだったら話ができる？」と子どもに聞いてみることも有効である。異なる職員が入れ替わり立ち代り，聞き取りを繰り返すことにならないよう注意したい。

⑦「誘導的質問・強制・『なぜ』という質問は避ける」：誘導的質問や強制によって得られた子どもの証言の信頼性は著しく低くなる。たとえば、「○○（加害児童）はあなたの大事なところをさわったんでしょ？」、「あなたの胸をさわったんだよね、そうだよね？」と誘導的に聞いて得られた答えは、事実の把握にはほとんど役立たない。また、「あなたが話してくれるまで、この部屋からは出さないからね！」、「はっきりしなさい！」などと強制的に回答させたり、脅かして得られた答えや、「話してくれたら飴をあげる」などと取り引きをして得られた答えについても同様である。自由な回答を制限する「多肢選択式の質問」を多用することも、結果的に回答を誘導してしまう可能性があり、差し控えるべきである。また、しばしば使ってしまいがちだが、「なぜ〜したの？」という聞き方は、相手を非難するニュアンスが混じってしまうため使わないようにしたい。「なぜ早く話してくれなかったの？」と聞きたくなったときは、「話をしなかったことには何か理由があるんだよね？」、「話をすると何か悪いことが起きると思ったのかな？」などと別の言葉に置き換えて聞いてみるとよい。

⑧もし困ったときは？：実際には、子どもから具体的な答えを引き出せないことも多い。子どもが「開かれた質問」に答えられなかったり、具体的に話せなかったりする場合、手がかりを与える「特定した質問」が功を奏する場合がある。たとえば、「その時期はだれと同じ部屋だった？」、「夕飯を食べたあとだった？」、「自分の部屋で起きたの？　お風呂？　それとも別の部屋？」というようにエピソードのある面を特定するための質問をすることによって、子どもは答えやすくなるのである。

　加害児童からの聞き取りが困難なのは当然である。加害児童は、

通常，自らの行為が悪いことであると重々承知しており，その発覚は自分の立場を著しく悪くし，今の施設に居られなくなる可能性のあることを知っているから，容易には事実を認めようとしない。

　前述のように，職員は加害児童に対して一方的な悪者として接するのではなく，加害せざるを得なかった育ちを頭の隅に置きながら，被害児童から得られた証言と食い違う点を具体的に聞いていくことになる。

　子どもの訴えや話した内容が時間経過によって変わることはめずらしくない。性的虐待の事実そのものを撤回することもある。この場合，性的虐待の有無を検討するのではなく，撤回せざるを得なかった子どもの側の要因を探る必要がある。加害児童の脅迫に怖くなってしまったのかもしれないし，「自分が話したせいで自分や加害児童がどこか別の所に行かされてしまうのではないか？」と不安になったせいかもしれない。可能性のありそうな要因に対して，1つずつ丁寧に対応していくことが必要である。

　また職員の質問の仕方によって，子どもの話が一貫性のないものになってしまうことが指摘されている。たとえば，どんな質問に対しても「うん」と肯定してしまう子どもに聞き取りを続けていると，事実とはかけ離れた物語がつくられてしまうことになる。このような事態を防ぐには，同じ事柄に対して，初めは「そのときはいやだった？」と聞き，そのあとで「そのときはいやじゃなかった？」と聞き方を変えてみるとよい。

▼施設内のリスク点検

　第4章「予防について」では，施設内で児童間の性的虐待を起こさないための各種ポイントが整理されている。

物理的・時間的死角の把握と防止策

施設内で起こる児童間の性的虐待は，物理的・時間的死角のなかで起こる。居室内の押入れや，ベランダ，風呂場，施設敷地内の物陰，公務室（寮職員の部屋）からみえにくい児童の居室などは物理的死角といえる。時間的死角とは，引き継ぎ時間や寮の子どもの少ない時間，2寮（グループ）の子どもを1人の職員でみなければならないような時間帯など，職員が子どもの動きを把握するのが難しい時間帯（言い換えればすれば，子どもが職員の助けを求めにくい時間帯）をいう。日常生活に潜む死角を把握し，死角を減らす努力（たとえば，鏡の設置，引き継ぎ時間の短縮効率化など）や，死角を意識した動き（居室のなかにいる子どもの動きの確認など）をすることが必要である。

子ども間の暴力への対策

前述のように，身体的暴力や威圧的言動が問題となっている状況では，児童間の性的虐待が生じる危険性も高まる。児童集団が力による支配－服従関係を背景とした大人の介入を受け付けない凝集性の高い集団になってしまう前に，暴力や威圧的言動の芽を摘んでおくことは非常に重要である。暴力や威圧的言動は絶対に許さないという意識を職員が持ち，子どもに対してそのメッセージを言葉や態度で意識的に示していくことや，苦情処理制度の活用を子どもに浸透させることを心がけたい。

日常生活の基本ルールの再確認

施設内での集団生活において，他者を意識した基本的なルールやマナーを子どもに浸透させることは，安心できる環境づくりの点でも性的問題の予防の観点からもきわめて重要である。入浴後のパジャマ姿や露出の多い服装について，スカート時のスパッツや紺パン着用などの身だ

しなみについて，衣類の整理整頓や下着の干し方について，それぞれどのように考え教えていくのか。異性間の部屋の行き来，身体接触，卑猥（ひわい）な言葉の使用などについては，その線引きをどうするか。十分に検討し，ルールとマナーを生活のなかに浸透させていく必要がある。

▼子どもたちの状況を把握し，サインを見逃さない

　子どもは各発達段階において自然で健全な性行動を示すが，性被害に遭（あ）っている子どもは，通常みられるものとは異なった年齢不相応の性的関心や性行動を示すことがある。そのような子どもの示すサインについて職員がよく理解し敏感になっていることが児童間の性的虐待問題の防止には不可欠である。また，子どものそれまでとは異なった言動がサインであることもある。「職員のそばから離れなくなった」，「腹痛の訴えが頻回（ひんかい）」，「頻繁だった性化行動や過剰な身体接触が急に消失した」，「特定の子どもを避けるようになった」，「入浴中職員に性器を押しつけてきた」，「シャツを表裏逆に着ていた（1度脱がされたまま着た）」，「不眠などにより，目の下にくっきりとクマができていた」。以上は実際に「たんぽぽ」のメンバーから報告されたサインである。ほかに「新規入所児の名前を聞いて嫌がり，訳を聞いたところ，加害児童と同じ名前であった」，「自分の被害体験を友だちのこととして語っていた」というサインも報告された。

　性化行動，あるいは性化行動と思われる行動を目撃したとき，職員は嫌悪感などから「何してるの！　やめなさい！」などときびしく注意してしまいがちである。しかし，その行為が性的虐待の影響によるものであった場合，本来必要なのは，その子どもの被害を明

らかにして食い止め，十分なケアを提供することである。その行為を一喝して止めさせる代わりに，まずは「よく知ってるね。それだれに教えてもらったの？」などと聞いて，子どもがどのように不適切な性的行為に触れ学習したかを探り，子どものケアに必要な情報を収集する。おおよその情報が得られたら，子どもの示した不適切な言動（性化行動）を修正し，性化行動に代わる，より適切で行動を具体的に提示することになる。たとえば，「人と仲良くするのに自分の体をさわらせたり，相手の大事なところをさわることはしなくてもいいんだよ」と明確に伝え，「仲良くしたいときは，『○○ちゃんと仲良くしたいんだ』っていって手をつなぐのはどうかな？」と，より適切な行動を具体的に提示していくなどである。

▼職員配置と児童構成への配慮

　被虐待児が入所児童の6割を占める現状にあって，あくまで「可能な範囲で」という前提付きだが，虐待の再演や再被害を防ぐ意味でも新規入所の被虐待児は，できることなら安定した寮へ入れて，「過去に性的虐待を受けた児童がいる寮」，「高齢児童から年少児童への暴力行為や威圧的な言動が顕著にみられる寮」，「新規入所が続いていたり職員の異動があって落ち着くのに時間が必要な寮」への入寮は避けたいところである。

▼子どもへの性教育および，性に関して職員間でも意識を高める

　子どもたちに対して，CAPやセカンドステップといったソーシャルスキルトレーニングを施し，正しい性知識や危険回避のスキル，暴力的ではないコミュニケーションスキルを習得させることは，予防的な視点から重要であり，また効果的である。年少児の場合，就

寝時に行う絵本の読み聞かせの際に、性暴力防止に関する絵本を活用することで性教育が行える。職員自身も、性について、性虐待について学び、性に対する意識を高めていくことが必要である。外部講師などによる職員研修会の開催や、性教育委員会を組織して、施設内から職員を啓蒙(けいもう)していく体制も整えていきたい。性教育委員会が月刊新聞を発行したり、職員のドレスコードを画像で示し、胸もとや下着がみえるような服装に注意を促した施設もある。施設全体が、性について正しく理解し、性の話題をタブーにしない雰囲気づくりを心がけたい。

▼家族に対する啓蒙と協力依頼

　子どもたちは、家族と交流がある場合、外出・外泊・帰省時などに家庭で不適切な性的刺激に曝(さら)される可能性がある。アダルトDVDや成人向け雑誌などが散乱していたり、両親の性行為を目の当たりにするような不適切な環境は実のところめずらしくない。子どもたちが家庭でそのような不適切な刺激に曝されないよう、児童相談所とともに家族に理解と協力を得ることが必要である。

▼職員・関係機関の連携、コミュニケーションの円滑化

　施設の職員間や関係機関との関係に不備があると、「チームワークの死角」が生じ、その綻(ほころ)びは子どもに関する情報共有を不完全なものにする。ある職員が子どもの性化行動に気づいていても、それが寮や施設で共有されなくては、その背後にあるかもしれない性被害への介入はままならない。施設でみられた子どもの性化行動について、児童相談所が十分に把握・理解していなければ、再被害の恐れのある外泊を許してしまうかもしれない。

職員間や関係機関との連携を密にし，細やかな情報交換を積み重ねていくことは，子どもを守るうえで非常に重要である。

（4）　施設心理士としての取り組み，本プログラムの要点

　現在，児童養護施設で働く心理職の雇用・勤務形態は，実にさまざまである。「たんぽぽ」のメンバーは，児童養護施設の施設心理士として仕事をしていくなかで，目の前の子どもだけをみてセラピーを行っていても，結局，それだけでは十分にセラピーの効果が期待できず子どもの支援が十分に行えないことがわかってきた。やがて「施設心理士は，子どもだけではなく施設全体にかかわることで施設の治療的環境の構築に貢献すべきなのではないか」という思いに至るようになった。そのことが，「児童養護施設内で起こる児童間の性的虐待への対応」マニュアルをはじめとする研修プログラムの作成へとつながっていった。

　「児童養護施設内で起こる児童間の性的虐待への対応」マニュアルは，できる限り実務に即して，必要なときに必要な箇所を紐とける形態をめざした。事前にマニュアルに目をとおしていたとしても，いざというときは，職員も混乱してどうしてよいのかわからなくなってしまう。そのため，職員が手に取りやすいよう図を入れたりして，表現を平易にした。何をどうすればいいかが整理されていれば，多くの職員にとって安心材料となり，ひどく間違った対応を防止できると考えた。研修プログラムのなかにロールプレイを盛り込んだのも，いざというときに職員が適切な対応ができるようにと考えてのことであった。ロールプレイを取り入れた研修方法は，RWらにはあまり馴染みがないようであったが，施設心理士はその効果を自らの経験から理解していた。

研修プログラムでは，職員にマニュアルの理解やロールプレイでの体験を求めるが，研修を通じて職員がお互いの考えを知ることや，曖昧だった面がクリアになったり，改めて施設全体・職員全体でこの問題に取り組んでいこうという空気が醸成されることも目的としている。

本節ではなかなか表だって取り上げにくい，性に関する問題を取り上げた。「子ども」と「性」と「被害」という，私たちにとってかなり抵抗を感じるテーマであるが，このような問題で加害・被害の立場を問わず施設内で苦しんでいる子どもが一部に存在しているのも事実である。子どもの傍らに寄り添い，生きていく道程を支える私たちが，この問題から目をそらさず，具体的方策を模索しつつ取り組んでいくことが肝要である。

2 施設内でのマルトリートメント予防に関する取り組み

施設心理士の仕事は，ただ単に入所している児童の心理療法にとどまらない。むしろ，入所児童が暮らす「施設」そのものへの関与こそが最も重要な仕事であるといっても過言ではない。どんなに有効な心理療法を行ったとしても，それ以外の生活が反治療的な環境である場合，心理療法を繰り返し行っても，意味を成さないことがある。

そのためには，施設心理士が児童指導員や保育士といったRWに対するコンサルテーションを行い，入所児童に対する適切な対応を援助しなければならない。

しかし，実際の現場では，RWによる不適切な対応が時として起きてしまう場合がある。いや，RWだけでなく施設で働く職員

すべて不適切な対応をする可能性があるといえよう。職員はもちろん，常に適切な対応をするよう心がけているはずなのだが，それでも不適切な対応は起きてしまうのである。それは，現場の雇用条件・状態の過酷さ，入所児童の対応の難しさ・育てにくさに起因するのかもしれない。

　施設に携わる者としては，入所児童に対して不適切な対応をしてしまう危険はだれにでもあり，特別なことではない，ということを強く認識する必要があるだろう。そのためには，「マルトリートメント（maltreatment）」という概念とその発生要因を理解し，どのようにすれば「マルトリートメント」が予防され，適切な対応が行えるのかを学ぶ必要がある。

(1)　マルトリートメントとは

　2000（平成12）年11月に当時の厚生省より発行された「子ども虐待対応の手引き」によると，マルトリートメントは次のように定義されている。

①18歳未満の子どもに対する

②大人，あるいは行為の適否に関する判断の可能な年齢の子ども（おおよそ15歳以上）による

③身体的暴力，不当な扱い，明らかに不適切な養育，事故防止への配慮の欠如，ことばによる脅かし，性的行為の強要などによって

④明らかに危険が予測されたり，子どもが苦痛を受けたり，明らかな心身の問題が生じているような状態

　諸外国では，日本の児童虐待に相当する言葉として，マルトリートメントという概念が一般化している。マルトリートメントと児童

虐待はともに，虐待の対象者である子どもの年齢を「18歳未満」としている。しかしながら，児童虐待が虐待を行う者を「保護者（親権を行う者，未成年後見人その他の者で，児童を現に監護するものをいう）」に限定しているのに対し，マルトリートメントでは，「大人，あるいは行為の適否に関する判断の可能な年齢の子ども（おおよそ15歳以上）」としており，保護者に限定していない。行為の適否の判断がつくならば，子どももマルトリートメントを行う側になる。前項でも触れている，施設内の子ども間の暴力（身体的，心理的，性的）がマルトリートメントになり得るのである。保護者に限定されていないということで，たとえば，施設職員，保育士，学校の教職員，医師などが行う行為もマルトリートメントになり得る。

マルトリートメントの定義では，その行為が明らかに子どもの心身に問題が生じる場合に限定せず，「明らかな危険が予測されたり，子どもが苦痛を受ける」こともマルトリートメントとしている。具体的にいえば，子どものからだに目にみえる傷やあざがなくても，体罰を行うことは身体的マルトリートメントであるといえる。

子どもにかかわる施設（児童福祉施設に限らず，保育園・幼稚園，学校，病院などを含む）において，マルトリートメントの予防が叫ばれるようになったのは，虐待を受けた子どもたちへの専門的な支援の必要性が謳われるようになったことが大きな要因であろうが，「子どもの権利条約」が日本でも採択されたことも1つの要因だろう。国連で，「児童の権利に関する条約（子どもの権利条約）」が1989（平成元）年に採択され，1994（平成6）年5月に日本でも批准された。それにともない，いくつかの自治体で「子どもの権利条約」が制定されている。子どもの権利を改めて明記したことで，子どもは特別な尊重すべき存在であり，その子どもたちをしっかり育

てなければならない，という意識が子どもへの適切なかかわり方を意識するきっかけになったのではないだろうか。

（2） 施設職員とマルトリートメント

　筆者自身，「マルトリートメント」という言葉を知ったのは，すでに施設心理士として働き始めた，2，3年後のことであった。その後，施設内研修により，マルトリートメントについて理解を深めた。それ以後，RWの子どもへのかかわりについて，新たな視点を持つことができた。

　「体罰」は違法行為であり，子どもに対して不適切なかかわりであることは知っていた。しかし，子どもにとっての不適切なかかわりはそれだけではない，ということを意識するようになってから，RWのかかわりについての見方が変わった。

　児童養護施設に被虐待児の入所の割合が増えていくにしたがい，子どもの支援の現状はきびしさを増していった。被虐待児の行動特性の細かい説明は他の章に譲(ゆず)るが，自尊心が低い，対人関係の取り方が不得手，他者に対する信頼感が築きにくい，怒りっぽい，被害的にものごとをとらえやすいといった特徴を持つ子どもの支援は大変難しい。しかもそれが集団となると，個を大事に考え1人の子どもにRWの意識が集中してしまうと，ほかの子どもから「差別されている」，「私のことなんかどうでもいいんだ」と非難を浴び，八方ふさがりの状態になってしまう。そうなると，画一的に「上から目線」で子どもをただ単一的な集団とみなした運営に終始しかねない。そうなれば集団を統率することは容易だが，子どもにとって治療的環境が整っているとはいいがたい状況が生まれる。その狭間(はざま)でRWは日々闘っているように思える。

その日々の"闘い"のなかから少しずつ活路を見出すRWもいるのだが，そうではないRWも実際にはおり，そういうRWは現場の厳しさに疲弊し，適切なかかわりを追及することができなくなってしまう。

　実際に，児童福祉法の一部改正が2009（平成21）年4月に施行され，被措置児童等虐待の防止等の枠組みが制度化されたように，施設内虐待の問題は全国的にも注目されている問題になってきている。

　そのような現状もあり，多くのRWは不適切なかかわりは避けなければならない，ということは十分すぎるほど理解しているはずである。しかし，それでも多くのRWがマルトリートメントをしてしまうのにはいくつかの背景，要因が考えられる。

　被虐待児の行動特性を捉えた支援の難しさについては前述のとおりである。そういった困難な仕事にもかかわらず，それを担っているRWの多くは，若くて経験の浅い職員が多いという実態は，マルトリートメントが施設で大きな問題になっている1つの要因であろう。厚生労働省が行っている社会福祉施設等調査の結果をみてみると，2001（平成13）年のデータでは，児童養護施設の児童指導員の平均年齢は34.6歳，保育士は33.3歳となっている。しかも29歳以下の人数の割合は児童指導員が47％，保育士は54.3％をも占めている。このように施設に若いRWが集中していると，ベテランからの技術の継承や，支援に関する助言，スーパーバイズを受ける機会が少なく，現場ではその場しのぎの対応に追われ，時にはマルトリートメントになってしまうことは容易に想像できる。

　また，「時には鉄拳制裁も必要」だと考えるような，体罰を肯定，容認する旧態依然とした養護観を持つ職員がいまだにいることも否

定できない事実である。過去に培（つちか）った厳格な指導（時に体罰を含むようなもの）方法でのみ子どもを支援することしかできないRWがいた場合や、問題を起こしやすい子どもたちに対する支援に困惑した場合、「今は子どものことを叩いたりできなくなった。だから、子どもはいつまでたっても良くならない！　こういう子どもは一度痛い目をみないといけないんだ！」といった認知をしかねない。このような考えを持ってしまえば、支援の難しい子どもたちに対する特別なスキルを学ぼうとするモチベーションが下がってしまい、不適切なかかわりをしても気づかない、むしろ、それこそが必要な支援であると誤解してしまう恐れがある。

　そして、何よりも専門学校、短大、大学などの専門職養成カリキュラムのなかに、現在、児童福祉施設の現場で必要な専門的知識やスキルを学ぶ機会が十分確保されていないことが最大の要因なのかもしれない。

　RWが時には感情的で逸脱した支援・行動をしてしまうことは、RWも人間である以上、当然のことである。しかし、だからといって不適切なかかわりがあって当たり前、と片づけてしまってはいけない。だれでもしてしまう可能性のあるマルトリートメントについて、各職員がしっかり学び、自分の対応を真摯に振り返ることができるようにならなければ、マルトリートメントの予防にはつながらないであろう。

　そういったマルトリートメント予防のためには、理論的な研修だけではなく、さまざまな困難を抱えた児童に関する実践的な研修を受けなければならない。しかし、現在、そういった実践的な研修の機会は限られており、そのことは大きな問題である。しかも、仮にそういった研修に行く機会があったとしても、施設の職員がいっせ

いに外部研修に行くということは不可能であるため,現状では施設全体にマルトリートメント予防に関する実践的研修の成果を浸透させるには時間がかかってしまう。

思いつくまま,施設における職員から子どもに対するマルトリートメントが起こる背景,要因を書き連ねてみた。筆者が述べた見解は,個人的な経験に拠るところが大きく,偏った分析であることを先に認めなければならない。しかし,どのような背景,要因があったとしても,「マルトリートメントはできる限り予防しなければならない」というのは共通の見解であろう。そこで,次の項目では,筆者が施設心理士の仲間とともに作成した,「マルトリートメント予防に関する研修パッケージ」について,紹介していきたい。

(3) マルトリートメント予防の取り組み

筆者は,前述の児童福祉施設心理職研究会「たんぽぽ」の一員として,情報交換を密に行ってきた。そこでいつも話題になるのは,施設内の性暴力の問題と,RWによるマルトリートメントの問題であった。どうすれば,RWのマルトリートメントが予防できるのか,各施設の現状について情報交換を行い,実態を調査した。RW自身のパーソナリティに依存するようなマルトリートメントもあったが,多くの場合,一般化して整理することのできるものが多かった。そこで,メンバーで議論を重ね,調査結果をもとに,前節の「施設内で起こる児童間の性的虐待」の予防マニュアルと研修に続き,各施設で行うことのできるマルトリートメント予防に関する研修を企画することにした。

すでに,児童間の性的虐待(本節的にいえば,児童間の性的マルトリートメントとなるだろうか)に関する研修を企画していたあとだっ

たので，このときと同じくマニュアルの類を作成し，それにともなうロールプレイを行う，という研修も考えた。しかし，RW自身の課題を直視しなければならないテーマの場合，文字情報だけでは足りないと考えた。そこで，実例にもとづくマルトリートメントの場面，また同様のシチュエーションでの適切だと思われる対応の場面を視覚的に見比べることのできるDVD教材を用いた研修案を考えた。単純に「マルトリートメントは良くない，模範的な対応をすればいい」というビデオをつくることは簡単だが，果たしてそれでRWは受け入れてくれるだろうか，「また偉そうに心理士がいってるよ！ 現場のことなんてわかってないくせに……」という態度では，こちらの意図とは程遠くなってしまうのではと危惧していた。そこで，マルトリートメントをしてしまった職員の立場を代弁する役，またそういう対応を受けた子どもの立場を代弁する役を設ける必要を感じた。そうすることで，RW側にも子どもの側にもいい分はあり，双方の立場に立って，より良い対応を検討していくスタンスのビデオをつくれば，抵抗なくRWにみてもらえるのではと考えた。

　そこで，右の写真のように，職員と子どもの立場をそれぞれ代弁するパペット人形，そして，双方の立場を理解しつつも，適切な対応についてヒントをくれる先生役の人間をドラマに登場させ，マルトリートメント予防に関する解説をするパートを挿入することにした。

（4） 研修用 DVD 教材の内容

マルトリートメントのドラマについては，だれにでも経験のあるような，それでいて重要なシチュエーションを4場面選んだ。

1つは新人職員が経験する場面，2つ目が集団の場面（食事の場面），3つ目が被虐待児の対応に関する場面，そして4つ目がアスペルガー症候群の疑いのある子どもの対応に関する事例である。ドラマの構成は，不適切な対応（マルトリートメント）をしてしまった場面と，同じ状況下で適切な対応をした場面の2種類を撮影した。間に随時，解説のパートを挿入し，どこが不適切な対応だったのか，どうすれば良かったのか，実際に適切な対応をしてみたら，どういう違いが現れるのか，といったポイントが一見すればわかるように，ビデオを編集する際に工夫した。ビデオの初めにはプロローグとして解説パートを設け，「先生」によりマルトリートメントの定義を紹介した。

【場面1：新人職員の事例】 ストーリー（マルトリートメント **Ver.**）：登場人物は，新人RWと子どもである。

台所で洗い物をしている職員と，そばに幼い女の子が座っている場面が映される。そこに学校から帰ってきた小学生男子が登場。この男の子は，口調も悪く，わがままな態度が目立つ子どもで，この場面でも職員からの声かけにまともに答えようとはしないのである。

そんな不穏な状況のなか，狭い台所で作業していた職員は女の子にぶつかってしまい，驚いた女の子は泣き叫ぶ……。すると，その

状況を面白がった男の子は，職員をはやし立て，そういう状況にまだ慣れていない職員は戸惑い始める。女の子は泣いたまま，男の子からは悪態をつかれる。そういった状況が続いたあと，職員は男の子に対し，不適切な言葉をかけてしまう……。

　解説パート：RWの視点の「ケア美さん（仮名）」は，新人職員の立場に立って，理解と弁明を行い，対して子ども視点の「チルドくん（仮名）」は，不適切な言葉をかけられた男の子に同情を覚え，「ケア美さん」の意見に反論を行う。それぞれの立場の意見を聞いたうえで，「先生」がポイントを整理し，次にどうしていけばスムーズに問題が解決することができそうなのか提示する。

　適切な対応 Ver.：今回の状況では，わかりやすく，4つのポイントが提示される。一部を紹介すると，「いらだちを覚えたら，その場を離れる」というポイントがある。施設に入所している子どもたちから，悪口や悪態，不適切な言葉をかけられ，職員自身がいらだちを覚えることはめずらしくない。職員がイライラした状態でケアワークをし続けると，マルトリートメントにつながることは多い。そこで，職員の気持ちにまだ余裕が残っているうちに，子どもと距離をとることを勧めている。

　また，「不適切な言動に対して，自分の気持ちを伝える」というポイントも示している。職員も1人の人間として，不適切な言動，悪態をいわれてしまったら，不快な気持ちを覚える，ということを伝えることは大切である。

　そうすることによって，即座に事態が解決するわけではない。むしろ，子どもの方は，より職員を傷つけようとするかもしれない。しかし，こういう職員と子どもとのやり取りを継続することにより，子ども自身にも適切に感情を伝えるスキルを身につけてもらえる可

能性もあるのではないだろうか。第3章で，セカンドステップについての紹介があるが，そのなかに，同様のスキルが紹介されている。友だちから悪口をいわれたとき，暴力，暴言に訴えるのではなく，一度落ち着いてから「そういうこといわれると，嫌な気持ちがするな。だからやめて」と拒否をしよう，というスキルである。職員自身もこのスキルを用いて，子どもと適切なコミュニケーションを図ることが大切だと考える。

以下，他の場面については，紙面の都合上，各場面のあらすじと簡単なポイントの紹介にとどめ，簡単に紹介する。

【場面2：集団場面の事例】 ストーリー（マルトリートメントVer.）：場面は，ある施設の子どもたちの共有スペース（食堂ホール）である。夕食が間近にせまってきたころ，食堂ホールでは，子どもたちが各自好きなことをして過ごしている。ある子どもは携帯ゲーム機で熱心にゲームをプレイ中。ある子は，テレビに夢中。年長の女の子は，トランプで大盛り上がり……。

夕食の準備のために，食堂ホールに入ってきた男性RWであるが，子どもたちは遊びに夢中で，大きな声で夕食が始まることを伝えてもうまくいかない。いらだちを覚えていたこの男性RWに対し，トランプをしていた中学生の女子が悪態をついてしまう。その発言を耳にしたRWは苛立ちを爆発させるようにより大きな声で，

子どもたちに接し始める……。次のシーンでは，夕食を食べながら子どもたちが会話をしているシーンに移る。

　夕食の時間では，子どもたちがわれもわれもと自分のしたい話を代わるがわる RW に向かってしている。それぞれの話に，一生懸命対応しようとしている RW なのだが，とある女の子の学校での失敗の話に至ると，食事の雰囲気は次第に変わっていく……。その不穏な雰囲気を敏感に感じ取った中学生の女の子は，食事ものどをとおらない。その女の子の気持ちに気づいていなかった RW は，その子に対しても強く当たってしまう。すると，女の子は食堂を飛び出してしまうのである……。

　解説パート：この集団場面の事例では，職員が大声を出してしまいがちなシチュエーションにおいて，気持ちを落ち着かせてから対応することの必要性や，子どもたちがスムーズに場面を切り替えられるように「予告」をするテクニックを勧めている。

　また，食事の場面のように，子どもたちが職員の注目を一心に受けようとわれ先に自分の話をしようとしたり，ほかの子どもよりも大きな声で話しをしようとしたりする。

　このような場合，「それぞれの子どもにしっかり向き合う姿勢」，「他人の悪口をいって注意を惹(ひ)くような言動にぐらつかない姿勢」で子どもの会話に臨む姿勢が望ましい。

【場面3：被虐待児の対応に関する事例】　ストーリー（マルトリートメント Ver.）：初めの場面では，テレビゲームをしている女の子と，そばで携帯ゲーム機を使って遊んでいる男の子が登場する。

女の子の方は,手強い(てごわ)ボスを倒し,ゲームをクリアしたため,上機嫌である。しかし,男の子はというと,ゲームでミスをしてしまい,イライラしている。そのせいか,男の子は,女の子の持っているゲームのコントローラを奪い,ゲームの邪魔をする。すると女の子は,泣きながら外へ飛び出していく。

そのトラブルを知った女性RWが男の子のそばに近寄り,感情のままに叱り出す。虐待を受け,家庭に戻れないこの男の子に対し,「家に帰りなさい！」といい放ってしまうのである。きびしく叱られた男の子もその場で泣き出してしまう……。

解説パート：この事例で取り上げたように,施設で暮らす子どもたち同士のトラブルはよく起きる。虐待を受けた子どもたちのなかには,攻撃性が高く,些細なことで怒りやすい子どもが多いといわれている。今回の事例も,そのような子どもの特徴を反映したシチュエーションである。

子ども間のトラブルにRWは当然対応しなければならない。しかし,こういう場合,つい RW自身も感情的になってしまいがちである。時に,子どもより強い立場で物をいい放ち,子どもを泣かせることによって,トラブルを解決したと誤解してしまうケースもある。こういった対応は職員自身の自己満足に過ぎない。

食事場面の対応と同様,職員自身が常に「冷静に対応する」ことを意識しなければならない。また,トラブルを起こした子ども自身にも相応のいい分があるはずだ。そこで,子どもと視線を合わせながら,落ち着いて,子どもの気持ちに共感しながらトラブルを振り返

させることが，RWのテクニックとして求められるのである。

【場面4：アスペルガー症候群が疑われる児童への対応に関する事例】　ストーリー（マルトリートメント Ver.）：この事例では，まずRW同士の引継ぎ場面のシーンから始まる。引継ぎのなかで，幼稚園に通う女の子（幼児）が誤って他の小学生の女の子（アスペルガー症候群の疑いがある）の部屋に入り，勝手にその女の子が大切にしていたぬいぐるみで遊んでしまう。その状況に気づいた小学生の女の子は，思わず幼児をその場で突き飛ばし，ぬいぐるみを取り返し，部屋から出て行ってしまう……。泣いている幼児の声を聞き，RWは駆けつける。事情を把握したRWは，小学生女子の特性を考え，いきなり叱ることはせず，穏やかに，しかし明確に生活のルールを伝えることを行った。具体的には，ぬいぐるみを取られた幼児の気持ちを代弁しつつ，「他人をうしろから押してはいけません」というルールを再確認した。また「他人に触られたくないものリスト」をつくり，そこに載っている大切なものは，幼児の手の届かないところにしまうといった対応を行い，今後困ったことがあればRWにいいに来るよう，幼児に伝えている。そのようにトラブルが無事解決したことを引継ぎで聞いた別のRWが，その小学生の幼児に対する暴力に怒りを覚え，引継ぎのあと，突き飛ばしてしまった女の子をRWのところに呼ぶ。

RWは，その女の子を厳しく追及する。当の女の子はトラブルがすでに解決していると思いと，RWの厳しい口調に耐えられず，その場から離れたいという思いが強く，RWの問いかけに，気も

そぞろという態度でいた。その様子をみて,「反省の色がみられない！」と思ったRWはより怒りを覚え,口調を荒げてしまう。とうとう,女の子の方もキレてしまい,持っていたマンガを投げつけ,飛び出してしまう……。

解説パート：この事例では,すでにRWが,子どもの特性に沿った適切な対応をし,問題が解決していたにもかかわらず,引継ぎを聞いたRWが感情的な反応を示し,不必要な指導をしてしまったところに,マルトリートメントの要素を含んでいる。

ただし,現場のRWの立場としては,たとえ解決済みだとしても,その問題に改めて触れておきたいという気持ちは,至極当然のことだと思われる。

そこで,このような場合,まず子どもにとって不利益な話題,触れたくない話題に再度触れることになるので,安全で落ち着くことのできる環境をまず整えることが大切である。

そのうえで,RWの方から子どもに対して「私はトラブルを知っている」というメッセージを伝えることや,すでに取り決めたルールの再確認を行うことなどにとどめておくだけで十分だと思われる。

エピローグ：4つの事例が示されたあと,ビデオはエピローグとなる。

最後の解説のなかで,「もしマルトリートメントをしてしまったら,どうすれば良いか」という疑問があがる。それに対し,このビデオでは2つのポイントを挙げている。

1つ目は,「しっかり記録に残す」ということである。マルトリートメントをしてしまったRW自身の気持ちを考えると,自分がした不適切な行為を記録に残すことに抵抗を覚えるのは自然な感情

であろう。しかし前述のように，マルトリートメントとは特別なことではなく，施設で働くどのRWも起こし得る可能性があるものである。そういった認識がRW同士の間で共通理解としてあれば，次のより良い対応に生かす教材として活用するためにも，記録に残しておくことは大切である。

　もう1つは，子どもに「謝る」ということである。RWはプロであり，常に適切な対応を心がけねばならないが，一方，RWも1人の人間として，つい子どもに対して感情的になり不適切な対応をとってしまうことは起き得る。ならば，そのことに気づいた時点で，トラブルを起こした子どもへの対応と同じように，RW自身も子どもに対して「さっきはごめんね」，「ちょっといい過ぎてしまった」と謝ることが何よりも大切なのではないだろうか。

　実際に，RWから子どもに対し謝ることは意外と難しく，つい子どもに対し言い訳をしたりしがちである。しかし，RWと子どもとの人間として対等な信頼関係とは，このように悪いところは素直に謝り，良いところは些細なことでも褒める，といった小さな（しかし，意義深い）努力の積み重ねによって築かれる，子どもとRWとのフェアな関係性がマルトリートメント予防の大きな鍵となるのではないだろうか。

(5) 今後の展開

　このDVDビデオは，専用のワークシートを用意し，研修パッケージとして2010（平成22）年に完成させた。2007（平成19）年12月の子どもの虐待防止学会でも発表し，すでにこのDVDビデオの教材を用いて，いくつかの児童養護施設で研修を開始している。研修を受けてたことで得るものがあれば，制作者として幸甚であるが，

われわれの目標は多くのRWがマルトリートメントを起こさない努力を日々行い，実際にマルトリートメントが減り，より良い対応が行われる施設が増えることである。

　今後の展開としては，今回作成したマルトリートメント予防の研修パッケージを持って，各施設に出向き，実践型の研修を続けていきたい。できるだけ多くのRWのスキルアップのため，ひいてはその施設で生活している子どもたちの利益のためになればと思う。

　一方，ドラマを作成したあとで気づくこともたくさんある。不適切な対応だと掲げた対応にも，現場のRWの視点に立てば，そうとはいい切れないものもある。また，模範的な対応として掲げた対応も，どの場面においても実際にそれで効果があるとは言い切れない。

　筆者自身，現在は情緒障害児短期治療施設に働くこととなり，生活に直接かかわる機会が増えた。そこでは，わかってはいてもなかなか適切な対応ができないこともしばしばあり，苦労している。また，適切な対応をしたつもりでも，うまくいかないこともある。今後，このような自分の経験もふまえ，研修などの機会で得られた意見を参考にし，DVD教材の見直しや改訂，さらなる場面の政策も検討している。

　本章で紹介した以外にもマルトリートメントを予防する取り組みはたくさんあるだろう。すでに行われている他の研修にRWが参加することを強く推進しても良いだろうし，各施設で働く心理士が，施設の状況に即してマルトリートメント予防についての啓発活動を続けることも大切だろう。施設内で起こるRWから子どもに対するマルトリートメントの減少，予防に，本書が少しでも寄与することができれば幸いである。

3 心理コンサルテーション

(1) 児童養護施設と心理コンサルテーション

　施設心理士が行う心理支援として，心理療法とならび重要なのが心理コンサルテーションである。厚生労働省児童家庭局の通達により心理療法担当職員が児童養護施設に配置された目的として「職員への助言・指導」が挙げられており，児童養護施設における心理支援において，コンサルテーションは虐待を受けた子どもへの心理治療とならぶ2本柱の1つであるといえよう。

　児童養護施設でのコンサルテーションは，RWを通じて子どもへの心理支援を行うことであり，その過程でRWへの支援としても機能する。施設心理士1人がかかわることができる子どもや行える心理面接の数には限りがあるが，施設心理士が持つ知識と技術を子どもとより密接にかかわるRWと共有することにより，より多くの子どもに心理サービスを提供することが可能になる。心理治療が必要な子どもの数が施設心理士の配置数を大幅に上回る現状においては，コンサルテーションによる心理支援は一層重要である。コンサルテーションは，子どもにより直接かかわる機会の多いRWをはじめとした子どもを取り巻く環境全体を心理支援的なものに整える間接的な子どもへの心理支援であり，施設全体の心理支援能力を向上させる機能を持つ。

　施設心理士にとって心理コンサルテーションは，子どもへの心理支援としても職員への支援としても効果的であり，重要な心理支援の方法であるといえる。

（2） 心理コンサルテーションとは

　児童養護施設における心理コンサルテーションとは，子どもとより密接にかかわる専門職であるRWが，より良いサービスを子どもに提供できるよう，子どもの理解や対応方法，子どもとかかわる他の関係者との連携の方法やシステムのあり方などについて，心理学の専門知識を持つ施設心理士と相談をする過程である。コンサルテーションは，現在RWが直面している問題解決を支援するとともに，その課題解決のプロセスを通して，RWの支援能力自体を高める働きをする。つまり，課題解決機能とともに，教育的機能と予防的機能を有しているといえる。この発想の背景には，個人ではなく集団の精神衛生を目標とし，予防中心のコミュニティ中心主義というコミュニティ心理学の基本的な考え方があり，[17]コンサルテーションは，こうしたコミュニティ心理学が持つ理念を具体化した介入方法であるといえる。

　コンサルテーションは心理の領域に限って行われることではなく，医学の領域や経営の現場でも行われている。そのなかで「心理」コンサルテーションの特色は，コンサルティに心理的知識を追加し，コンサルテーションプロセスと介入技術において個人の変容を促す臨床心理的姿勢や技術を用いる点にある。心理コンサルテーションという相互過程を心理的に安全な場とすることで，コンサルティの抱える支援上の課題がみつめやすくなるとともに，コンサルティ本来の能力も賦活され，変化が起きやすくなると考えられる。また個人の問題を直接扱わずに，内的変化を促す可能性も内包している。[18～20]心理コンサルテーションにおいては，コンサルティ―クライエント間の関係の焦点化と客観性の回復が大きなポイントとなるが，カウンセリングや心理療法で用いられる対話における基礎的な心理技術

は，これらにとくに効果的に機能する。

（3） 児童養護施設における心理コンサルテーションの必要性
▼養育の特質が求めるもの

　一般的に，コンサルテーションを求めるに至ったコンサルティの困難や問題には，クライエントの示す問題についての「知識」の欠如，知識を使う「技術」の欠如，知識と技術を使う「自信」の欠如，主観的，情緒的な要因によって，客観的な知覚と判断が妨げられる「客観性」の欠如にあるとキャプラン（Caplan, G.）は述べている。[21]

　施設養育であれ家庭養育であれ，子どもを育てていく際には，養育者と子どもとの間の間主観的な情緒的交流が必要となる。こうした主観の世界やそれにもとづく情緒的交流は，子育てをする場面において必然的に生じ，また子どもが育つために必要である。すなわち，養育という営み自体が，客観性を失わせやすい構造を持っている。

　そして施設養育では，仕事の内容そのものが，RW個人にも体験されている「日常生活」や「養育」体験である。そのため，RWは子どもへのかかわりを仕事と割り切ることが難しくなり，RW個人の課題も仕事上に持ち込まれやすい。接客業で「挨拶の仕方が悪い」と指摘されることと，施設で子どもへのかかわり方のまずさを指摘されることを比べれば，後者の方がより個人的に受けとめられやすいだろう。たとえば，子どもへのかかわりで「細かなことで子どもに注意をしすぎる」と先輩から指摘された新人RWは，多くの場合，仕事上のスキルの問題と割り切ることが難しいのではないだろうか。自分の性格について非難されたと受け取ったり，これまでの育てられ方や子育て観などを含めて，いろいろな思いを巡ら

したりすることになるだろう。

▼虐待による心理的被害の影響

　また，虐待を受けた子どもの心理的被害も特徴も，RWによる養育に難しさをもたらす。虐待を受けた子どもの心理的被害の中核は，発達初期の1次的対象関係形成の失敗に由来する。そのため，その病理は，現在の養育者となるRWとの関係のなかで展開されていく。RWが親身に一生懸命かかわり，子どもから頼られ特別な大人だと意識されるにつれて，子どもの未解決の葛藤や心理的課題が関係のなかに表現されるようになる。これにより，RWが頑張れば頑張るほど，子どもが「悪く」，「扱いにくく」なるという事態すら生じる。その結果，RWは子どもの持つ「虐待－被虐待」の世界に巻き込まれ，時として不適切な対応を取ってしまったり，RWを求める気持ちとは裏腹な子どもの表面上の行動によって「かわいがろうとしてもかわいがれない」などの，関係が深めにくく子どもへの支援が行いにくい状況が生まれてしまう。虐待による心的外傷からの怒りの爆発や刺激の受けやすさ，被害状況や被害関係の再現性なども，同様に子どもと職員との成長を促す養育関係の形成と維持を妨げる。

▼職員支援と子どもへの間接的な心理支援として

　以上の特色により，RWは客観性を維持することが困難となりがちである。そして，これらに対処しなければならない疲労も大きい。虐待を受けた子どもの養育支援においては，必要とされる支援内容そのものが，客観性の欠如をともなうという性質を持つということになる。養育の必要上，また被虐待体験の被害の特徴から生じ

る関係に巻き込まれながら，子どもの持つ養育関係にまつわる外傷体験の修復を図り，新たな関係を構築していくことが求められるのである。被虐待体験を持つ子どもを育てていくためには，虐待を受けた子どもの心理特性についての理解を深めるとともに，RW自身の疲労と客観性を回復する支援が望まれる所以である。

　加えて，養護技術の理論化が進んでいないことによるコンサルティの技術と自信の欠如，養成課程および就労後のスーパービジョンシステムが不十分である現状から派生する知識と被サポート感覚の乏しさ，そして福祉のレジデンシャルソーシャルワーク全体に対する社会的認識の低さと勤務条件の過酷さなどの存在も，コンサルテーションによる支援の必要性を高めているといえよう。

　以上のように，コンサルテーションは，クライエントの抱える心理的課題に関する知識を提供したり，心理的に安全な環境を提供することで支援者個人の変容を促進したりする。そして，施設心理士の専門的技術や姿勢を用いながら，子どもとその支援者との関係性に焦点を当てることによって，客観性の回復や関係性の深化を図り，支援者の支援能力の向上とストレス緩和を図る機能を持つと考えられる。これらは，直接的な支援者へのサポートであり，バーンアウト（燃え尽き症候群）を予防する有効な手だてとなる。

　虐待を受けた子どもは，一定の自我と他者と親密になる力が求められる心理療法の枠組みに乗ること自体が困難な子どもも多く，心理療法以外の間接的な心理的支援が必要である。コンサルテーションは，子どもとより密接にかかわる支援者のかかわりにアプローチし変化を起こすことで，間接的な子どもへの心理的支援としても機能する。施設のなかで行う心理療法が効果を上げるためにも，コンサルテーションは重要であるが，くわしくは次項の「子ども中心の

コンサルテーション」において述べる。

（4） 児童養護施設における心理コンサルテーションの方法

キャプラン（Caplan, G.）は，焦点を当てる対象の違いから，基本的なコンサルテーションの構造モデルを，①クライエント中心のケースコンサルテーション，②コンサルティ中心のケースコンサルテーション，③コンサルティ中心の管理的コンサルテーション，④対策中心の管理的コンサルテーション，の4つに分けた。

筆者は，児童養護施設でのコンサルテーションを仮説的に，①施設心理士が子どものセラピーを担当しながら，同様に子どもと直接かかわっているRWと相談し合う，クライエント中心のケースコンサルテーション，②施設心理士は子どもとは直接かかわらずに，直接子どもとかかわっているRWと話し合う，コンサルティ中心のケースコンサルテーション，③RWの抱える職業上の課題に焦点を当てた，コンサルティ中心の課題コンサルテーション，④プログラム中心の研修型コンサルテーション，⑤システムや仕組みを考えるシステムコンサルテーション，の5つに整理した。

コンサルテーションを行う際には，職員個人を対象とするのか，施設全体や寮舎・ホームなどの養育単位といった集団を対象にするのかという違いがある。現在のコンサルテーション研究では，コンサルティと職場内システムとの内部関係により重点が置かれるようになったため，個々のコンサルティに焦点を当てたコンサルテーションと，チームや組織をベースにしたコンサルテーションとの間に，明確な区別をつけなくなってきている。しかしながら，現状では，上記の区分のように施設で行われる実践的方法に沿って説明した方がよりわかりやすいと考えるため，前述の区分に沿って中心的なも

のについて説明する。

▼子ども中心のケースコンサルテーション

実際に施設で行われているコンサルテーションでは、セラピーやカウンセリングを行っているケースをめぐって、問題の見立てや子どもの心理状態、変化、生活場面での対応方法などについて話し合うという、クライエント中心のケースコンサルテーションの形態をとることが最も多いだろう。

被虐待経験を持つ子どもの心理的回復において、直接的な心身のケアを提供してくれるRWの存在は重要である。他者や自分、そして自分を取り巻く世界のイメージが内在化される児童期以降の子どもへの心理支援において、その修復を図る心理療法は重要である。しかしながら、イメージが変化するためには現実的体験も必要であり、良質の養育体験がなければ、心理療法による介入も効果を上げにくい。RWによる日常生活のなかでの具体的なケアが効果的に体験されて初めて、子どもはイメージの修復が可能になる。

このように考えると、施設心理士の行う心理療法が効果を上げるためには、生活における質の高い養育が保障されることが必要だといえる。そのためにも、子どもの生活の様子やRWのケアの内容、子どもとRWとの関係を理解し、より良い養育が行われるよう心理コンサルテーションを通して働きかけることが重要となる。

また、施設における心理療法の（構造上の）特徴として、治療場面と生活場面の近さや、施設心理士を非日常的な特別な人として認知しにくいということがある。そのため、しばしば治療場面において活性化したテーマが日常生活にも波及し、そのことが子どもの行動化を招いたり、生活を不安定にさせたりすることがある。一見問

題としてとらえられがちな子どもの変化を，現実原則の枠内にとどめながらも，同時に心理療法が進展するプロセスや成長に必要なプロセスとして，援助者集団に理解され受け止められることは必要である。そのために，コンサルテーションをとおして環境側の受けとめる力や器(うつわ)を強化しておくことは，生活に近い場所で行う子どもの心理療法においては，重要な視点であるといえよう。

▼ RW中心のケースコンサルテーション

　ケースカンファレンスのような形で子どもとのかかわりを直接には持たずに行う，コンサルティ中心のケースコンサルテーションも多い。すべてのコンサルテーションについていえることであるが，RW集団を対象としたケースコンサルテーションを行う場合にとくに取り上げておきたいのが，RW個人と職場内の内部システムとの関係である。ケースカンファレンスなどの際は，どうしても「子どもの特徴」や「子ども－RWの関係」や「かかわり方」に焦点が当てられることが多い。それらも重要な視点であるが，それのみに終始せず，RW集団としてのかかわりや役割分担，そしてキーパーソンとなるRWと他のRWとの関係といった，職員間の協力関係に焦点を当てていく。

　施設の養育は，複数の子どもを複数の大人で育てるという，集団養育の形態を取る。被虐待経験や別離などの養育上の深い心的外傷体験を持ち，愛着形成上の課題を抱える子どもの心理的課題は，親密な関係のなかで展開されやすく，RWは対応に困難を覚えることになる。個別の親密な関係のなかで現れやすいという特性を持つ心理的被害を抱えているため，しばしばRWが子どもとの関係を深めていく過程で，子どもの不適切な行動が生じることが起きる。

子どもの成長を促し心理的被害からの回復を図るためには，養育的な関係を築くことが必要であるが，それは容易なことではない。この困難な過程を進め，子どもと安定した養育関係を築いていくためには，個々のRWが一緒に働くRWや集団，上司，施設といったシステムから支えられることが必要となる。母親が夫を信頼し夫婦関係に満足しているとき，子どもと母親の関係は良好になりやすく，安全な愛着形成がなされる(25)といわれており，同様の観点からRWが子どもと良い関係を築こうとするとき，共同養育者となる同僚からの支えは重要であると推察できよう。筆者はコンサルテーションを行うとき，個々が感じている養育上の困難を共有し，そこに他のRWがどうサポートできるか，そしてチームのなかで自分の役割をどう認識し，また同僚にどのように認められているかを，個人と集団という対象の違いに関係なく取り上げるようにしている。それにより，職員集団の状況と直面している課題について新たな側面がみえてくることも多く，メンバー間に互いの状況や関係が意識化され，情緒的なつながりが強化され，チーム関係がより良好になる。こうした職員集団と問題のアセスメントを図りつつ，それをとおして職員集団の関係を良好にし，具体的な支え合いや養育の方策を検討していくことで，個々のRWの子どもへの養育の質が向上するとともに，養育集団としての職員集団の養育力も向上していく。

　また，これから述べることは仮説の域を出ないが，これまでの実践のなかで，集団養育や愛着にまつわる心的外傷体験を持つ子どもに特徴的な，養育関係や愛着形成の方法があるのではないかとも感じる。養育上の心的外傷体験を持つ子どもは個別の親密な関係において不安が喚起されるため，1人のRWと深い関係を持つのではなく，役割を分担する集団養育のなかで，複数のRWと比較的浅

い，しかし安全な関係を形成していく。こうして形成された集団や自分が生活する場への信頼感を足がかりにして，やがて個々への確かな安心感と信頼感を形成していくというものである。

このように考えると，職員同士の支えあう関係や，養育集団である職員集団の関係の良好さは，子どもの養育の質に大きく影響するといえるだろう。職員関係が醸し出す雰囲気は，1次的対象関係の世界が安全なものとして経験されていない子どもたちに対しては，言葉よりも強い影響を与えることもあり得よう。コンサルテーションをとおして，職員集団の関係にアプローチし，具体的なかかわりと同時に職員集団の協力関係を良好に保つよう働きかけることは，施設における子どもの養育において必要不可欠な施設心理士の役割であるといえるだろう。

▼ RW中心の課題コンサルテーション

RWの抱える職業上の課題に焦点を当てた，コンサルティ中心の課題コンサルテーションも，実際のなかではよく行われているだろう。こうした職員自身の課題がテーマとなるコンサルテーションは，施設心理士が施設に馴染み，RWから信頼を得るにつれて増えてくるように思われる。

その内容も，職員自身のかかわり方の特徴といった表面的なことから，養育観の土台となっているこれまでのRWの育ちや親との関係，子ども時代の心的外傷などに由来する職員個人のパーソナリティや生き方などに関係する深いことまで，さまざまなものがある。しばしば，語られる内容が子どもへの職業上の対処を越えて，RWの個人的な心理相談ともとらえられる内容となるため，これをコンサルテーションの文脈で扱ってよいのか，あるいは個人的なカウン

セリングなどを勧めた方がよいのか,迷った経験を持つ施設心理士も多いだろう。すでに述べたように,養育という営みは,職業的役割を越えて個人的な関与が必要不可欠になるため,そこで生じる傷つきは個人の心に深く響きやすく,また,子ども時代の積み残しの課題が現れやすかったり,職員自身の養育関係や愛着にまつわる外傷体験が再燃しやすかったりするのだと思われる。こうした点は,施設における養育をテーマに扱うコンサルテーションの難しい点でもある。

　以上に挙げたモデルは,実践の方法に焦点を当て,形式によって分けたコンサルテーションのモデルであるといえる。どのモデルがどのように行われるかは,心理療法担当職員の位置づけや施設形態によっても異なる。子どもやRWの数が多い場所では,ケース検討などのコンサルティ中心のケースコンサルテーションや課題コンサルテーション,研修などが中心とならざるを得ないだろう。心理コンサルテーションのモデルは,施設の規模や,心理臨床家が常勤か非常勤か,職場では何を期待されているかなどにより大きく左右されるが,1つだけでなく複数のコンサルテーション介入の方法を同時に用いることによって,システムに対してより効果的に働くと考えられる。

▼施設での心理コンサルテーションの難しさ

　ここまでコンサルテーションの方法について述べてきたが,実際に施設でコンサルテーションを行っていくと,さまざまな難しさに出会う。

　比較的経験の浅い施設心理士の場合,自分自身の心理臨床家とし

ての能力にも自信が持てず，また，養護についても理解が浅く，役に立てることなどないのではないかと感じてしまう。また，RW側が心理職に対して，自分の領域を脅かされるのではないかという不安や，臨床心理士という資格や学歴に対する劣等感などの抵抗感または張り合う気持ちなどを抱いていたり，その逆に万能感に近いような過剰な期待を持っていたりすることもある。すると，施設心理士もこうしたRWの気持ちに影響を受け，身動きがとれなくなる。またコンサルテーションをすすめるなかで配慮しなくてはならない点も増えてしまい，難易度が上がる。

　施設心理士のモデルというべき働き方も，バラエティに富んだ施設の実情を反映して千差万別の状態であり，どのような役割をとり，具体的に仕事を進めていくか，モデルがみつけづらい。初めて施設心理士を導入した施設などは，お互いが手探り状態となる。こうした中で仕事の内容と役割をつくり上げていくことは，ことさら大変な仕事であろう。コンサルテーションという仕事が，第1章で述べたスーパービジョンと混同されがちな現状では，役割も一層取りづらくなる。

　また，前項のコンサルテーションの方法とRW中心の課題コンサルテーションにおいても述べたように，RWの養育の歴史に由来する個人的課題や被虐待経験を持つ子どもへの養育支援上で生じる傷つきも，コンサルテーションのプロセスを妨げ，職業上の課題検討を困難にする。経験年数の長いRWには，これらが相まって形成された児童養護や養育に対する固定化した援助観がみられる場合があり，ここにアプローチしていくのは容易なことではない。

　心理的疲労を抱え，子どもとの関係のなかで傷ついたRWへのコンサルテーションを進めるプロセスにおいては，初期の段階で

RWのこうした疲労や傷つきの感情を表出してもらい，それを受けとめることで，その後のコンサルテーションプロセスが効果的にすすむという段階がある。この段階で，RWが施設心理士に依存的になったり，個人的課題と職業上の課題とのつながりが明らかとなった場面で足ぶみをしてしまい，職業上の検討課題がなかなか進まなかったりすることが起きやすい。RWとのコンサルテーション面接で，こうした個人的課題が明らかにされる場面は，細心の注意が必要となる1つの山場である。

　同様に，施設心理士の側にも，コンサルテーション関係における逆転移が生じることもある。たとえば自分が心理療法を担当している子どもに対して，RWが子どもの気持ちを理解せず無慈悲な対応をしていると感じられた場合，RWに対して怒りが沸いてきたり，「わかっていない」ダメなRWだと批判的な見解を持ったりする場合である。また，固有の援助観を，個々の子どもや状況に照らし合わせて検討し直さずにすべてにおいて優先させようとする姿勢をRWや施設全体に感じ，その見解を理論にもとづき論破したい，などと感じるときもある。

　RW関係をコンサルテーションのなかで取り上げつつ養育集団のパフォーマンスを向上させることが必要であると前項で述べたが，そのプロセスにおいては，施設心理士が職員間の葛藤に巻き込まれることも生じる。hidden agendaと呼ばれる，隠された意図を持って職員個人や職員集団がコンサルテーション場面に臨む場合がある。たとえば，職員集団としてはもう結論が出ているのに，施設長や児相などのチームの外部に自分たちの意見を主張するために，施設心理士の意見を利用しようとする場合などがある。あるいは，職員集団のなかで，ある1人のRWが不適切だと思われる行動を取って

おり，そのことをチーム内では指摘できないため，施設心理士を通して明らかにしてもらおうとする場合もある。

施設のコンサルテーションにおいて直面しやすい困難な場面をいくつか挙げたが，ここに挙げた以外にも難しい場面は多く存在する。詳細は他書に譲るが，いずれの場面においても，基本的な立場と同時に「今，ここで」自分に期待されている役割を意識することや，場の文脈（コンテキスト）をふまえた対応をすることを念頭に置くことで，コンサルタントである施設心理士自身が客観性を回復できたり，集団の葛藤に巻き込まれコンサルタントとしての役割が果たせなくなるような危険を回避することに役立つ。コンサルテーション面接においても，心理臨床家の持つ知識と技術を，場へのかかわりとプロセスの促進へと活用していくことが要点であるといえよう。

（5） 今後の課題〜コミュニティアプローチの視点

児童養護施設でのコンサルテーションに関する実践研究や，臨床心理士養成課程におけるスキルを含めた教育も十分とはいえない状況で，多くの場合唯一の施設心理士として他職種を中心に構成された職員集団のなかで仕事を進めていくことは容易ではない。研究活動も含め，施設心理士が施設におけるコンサルテーションの実践事例を検討し合い，切磋琢磨していくことが今後必要であろう。

コンサルテーションにおいて直面するさまざまな困難な場面を切り拓いていくために，期待されている役割と場のコンテキストの意識化が重要であると述べた。同じように，施設という場のコンテキストを考えた場合，ここで求められている機能は子どもの心理治療のみではない。施設という場自体を心理支援的なものにしていくことをとおして，子どもの養育と心理治療を実現していくためには，

RWのサポートを行い，その心理的支援能力を高めることは有効な手段である。

　本節では施設というシステム自体への介入にまで論が及ばなかったが，施設全体の仕組みや養育の方法をより心理支援的なものにするよう働きかけることも重要である。

　施設心理士の仕事というと，虐待を受けた子どもの心理療法が第1の仕事として挙げられがちであるが，被虐待経験が子どもにもたらす心理被害の本質や，より効果的な心理支援方法を考えた場合，コンサルテーションにより職員を支え，子どもとRWとの養育関係を安全で安定したものにするよう働きかけることの意義は，もっと強調されてよいだろう。個別の心理療法のみに時間を割くのではなく，コンサルテーションを通した心理支援をより積極的に検討するべきである。

　施設心理士の仕事は，施設全体の心理支援能力の向上を図ることである。それは，心理療法などをとおして施設心理士1人ができることだけではなく，ほかの職員やシステムなど，施設全体の力の総和でとらえられよう。いくらすぐれた心理治療を行っていても，子どもが生活する環境自体が，安心できず不安定で非治療的な場所では，子どものいまと将来の総合的な幸せは遠のく。施設心理士の仕事をクリニカルな臨床モデル一辺倒でとらえるのではなく，システムや組織，コンテキストや関係性をふまえ，コミュニティをベースとした支援モデルでとらえることが必要である。そのための具体的な介入方法として，コンサルテーションによる心理支援に関する実践と検討を一層積極的に行っていく必要があるだろう。

第4章 レジデンシャルワーカーと組織への心理支援

〈引用・参考文献〉

(1) 田嶌誠一「児童養護施設における施設内暴力解決に向けて——児相と施設の連携サポート：特に一時保護の有効な活用を中心に」『心理臨床研究会』，2007年。

(2) 田嶌誠一『現実に介入しつつ心に関わる』，金剛出版，2009年。

(3) 西澤哲『子どもの虐待——子どもと家族への治療的アプローチ』誠信書房，1994年。

(4) 杉山登志郎編『児童養護施設における性虐待対応マニュアル』厚生科学研究「児童虐待等の子どもの被害及び子どもの問題行動の予防・介入・ケアに関す研究」（平成16〜19年度，主任研究者奥山真紀子）の分担研究，2008年。

(5) クロエ，マダネス『変化への戦略　暴力から愛へ』誠信書房，1996年。

(6) 山本恒雄「性的虐待について」「平成16年度児童養護施設・乳児院心理担当職員研修資料」社会福祉法人横浜博萌会・子どもの虹情報研修センター，2004年。

(7) 北山秋雄編『子どもの性虐待——その理解と対応を求めて』大修館書店，1994年。

(8) 木全和巳「施設内で子供同士の性暴力場面を発見した時——当事者の視点で考える『危機管理マニュアル』」『日本の児童福祉』18号，2003年，80-86頁。

(9) モンテリオン，ジェームズ，A. 編／加藤和生訳『児童虐待の発見と防止——親や先生のためのハンドブック』慶應義塾大学出版会，2003年。

(10) 萩原總一郎「性的虐待事例への援助方法に関する研究」「平成14年度児童環境づくり等総合調査研究事業報告書」，2002年。

(11) Maltz, Wendy *"The sexual healing journey: a guide for survivors of sexual abuse. 1st edition"*, HarperCollins Publishers, N.Y. 1991（＝児童相談センター治療指導課・伊東ゆたか先生の研修資料より）．

(12) ユール，W. & ゴールド，A./久留一郎訳『スクール・トラウマとその支援——学校における危機管理ガイドブック』誠信書房，2001年。

(13) 藤川洋子・小澤真嗣訳『子どもの面接ガイドブック——虐待を聞く技術』日本評論社，2003年。

(14) 藤森和美編『被害者のトラウマとその支援』誠信書房，2001年。

(15) 加藤尚子「児童養護施設における心理療法担当職員導入における現状

と課題」高橋利一編『児童養護施設のセラピスト』筒井書房，2002年，64-94頁。
(16) 加藤尚子「虐待を受けた子どもの支援者への心理コンサルテーションの機能とプロセスに関する研究」『社会福祉学研究』Vol. 50, No. 89, 2009年，5-15頁。
(17) 山本和郎『コミュニティ心理学——地域臨床の理論と実践』東京大学出版会，1986年。
(18) 加藤尚子「心理コンサルテーションに関する基礎的研究——虐待を受けた子どもの援助者への適用を目的として」『子どもの虐待とネグレクト』No. 8 (3), 2006年，376-387頁。
(19) 伊藤亜矢子「学校という『場』の風土に着目した学校臨床心理士の2年間の活動過程」『心理臨床学研究』No. 15(6), 1998年，659-670頁。
(20) 伊藤亜矢子「スクールカウンセリングにおける学級風土アセスメントの利用」『心理臨床学研究』No. 21(2), 2003年，179-190頁。
(21) Caplan G. *"The Theory and Practice of Mental Health"*, Consultation, London, Tavistock, 1970.
(22) Caplan G. 前掲書(21).
(23) 加藤尚子「虐待を受けた子どもの援助職への心理コンサルテーションの適用に関する文献的考察——児童養護施設における協働的心理支援モデルの構築に向けて」『コミュニティ心理学研究』No. 10 (1), 2006年，70-85頁。
(24) Orford, J. *"Community Psychology-Theory and Practice"*, Chichester England, John Wiley & Sons. Ltd（＝山本和郎監訳『コミュニティ心理学——理論と実践』ミネルヴァ書房，1997年）．
(25) 数井みゆき・武藤隆・園田菜摘「子供の発達と母子関係・夫婦関係：幼児を持つ家族について」『発達心理学研究』No. 5, 1996年，72-83頁。

（第1節　田中仁，第2節　渡邉峰之，第3節　加藤尚子，執筆協力：髙木理恵）

第5章
事　例

　この章では，児童養護施設における心理療法の事例を示し，施設における心理臨床実践のあり方を考える。ここにあげたものはすべて複数の施設心理士の経験をもとに創作した架空の事例である。実在の事例ではないが，児童養護施設における心理面接の様子をできるだけ具体的に伝えたい。

1 心理療法と生活支援が連動したプレイセラピーの事例

(1) 児童養護施設における心理療法と生活との関連

　児童養護施設に施設心理士が配置されるようになり、さまざまな事例が報告されるようになってきている。しかし、こうした報告は主に面接場面におけるセラピストと子どもの関係性や、そこでの変化に焦点を当てたものが多く、生活との連携をふまえた経過について報告されたものは少ない。施設で暮らす子どもや虐待を受けて施設に入所してきた子どもにとって、まずは生活する環境が安心できる快適なものであることが必要である。施設心理士は、施設全体がそのような場となるよう、心理的側面からの支援を行わなくてはならない。そのうえで、特別な心理支援を必要とする子どもたちに対して、日々の生活のなかでこれまでの外傷体験に対する心理的ケアがなされ、身近な大人との関係のなかで自己と他者への信頼を回復していくことが必要であり、毎日の暮らしが子どもたちを抱え癒すものであることが望まれる。したがって、施設で行われている心理療法のなかでは、セラピストは面接を通して理解した子どもの心的世界や必要と思われる治療的配慮について、積極的にRWと共有し、日々の生活支援に反映させていくよう働きかけることが必要となる。また、その一方で、生活の力が心理療法における治療的進展に貢献する場合も考えられる。心理治療と生活場面でのかかわりとが、車の両輪のように相補的あるいは相乗効果をともなって、子どもの利益となることが望ましいといえよう。

　本節では、セラピストがRWと連携し、プレイセラピーと生活支援が連動して子どもへの治療的配慮を進めていった事例を取り上

げ，施設における心理療法と生活支援の連携と，施設心理士のあり方について考察したい。また，虐待を受けて施設入所してきた子どもと家族の事例に生じがちなさまざまな心理的体験とそれへの配慮についても検討したい。なお，事例については，複数の施設心理士が話しあい，これまでの経験をもとにして書き上げた架空（仮名）の事例である。

（2） 事例の概要
▼入所まで——ユメナへの虐待と母の生い立ち

本事例は，10歳の女の子，ユメナの事例である。ユメナは，7歳の時に児童養護施設「城南学園」に，母と継父からの虐待を理由に入所した。入所前のユメナは母親と継父，そして2歳になる異父弟の4人で暮らしていた。寒い冬の深夜に半分下着姿のまま1人でアパートの廊下に立っているユメナの姿を通行人が目撃し，警察に通報，児童相談所が保護し，入所に至った。

ユメナは母が10代の時関係を持った男性との間に生まれた子どもで，父にあたる男性は母が妊娠したとわかると，連絡が取れなくなった。中学を出て以来実家と音信不通の母は，未婚の母としてユメナを産んだ。ユメナは乳児院に預けられ，母は知人の家を転々として暮らしていた。その間に土木関係の下請けの仕事をしている継父と出会い，ユメナが3歳の時結婚し，乳児院から引き取った。

ユメナの母は母子2人の単親家庭で育った。祖母は関東の地方都市で水商売をしており，母は幼いころから夜1人で過ごすような生活だった。祖母の機嫌が悪いときやひどく酔って帰ってきたときには，「あんたなんて産むんじゃなかった」，「面倒なだけの存在だ」などと暴言を吐かれ，戸外に追い出されることもしばしばだった。

食事や洗濯をはじめ，必要な学校の支度も十分にしてもらえず，身なりもみすぼらしく忘れ物も多かった母は，学校でひどいいじめを受けた。中学になり，街に友だちができるようになると学校には行かなくなった。家で過ごすよりも，外で仲間と一緒にいる方が楽しかった。思春期の母にとっては，時折夜遅く自分の母親が男性を連れてくることや，その後，家のなかで起きていることを気配で感じ取ることも嫌だった。次第に家に帰らないようになり，友だちや知り合った男性の家で過ごすようになった。中学を卒業すると同時に地元を離れ，上京した。上京したのちは，地元の友だちや先輩などの知り合いの家を転々としながら，お金がなくなると飲食店でアルバイトをして暮らしていた。そんな生活のなかで，ユメナの実父と出会い，ユメナを産んだ。

　継父との結婚を機に，乳児院からユメナのことを引き取った。継父は気が短く，思いどおりにならないと怒鳴ったり乱暴な行動をとることもあるが，母には男らしく頼りがいのある男性に映った。継父との出会いと結婚は，母にとってはようやくつかんだしあわせと安心だった。決して十分とはいえないながらも，継父は働き，毎月何とか生活できるだけの収入を持ち帰ってくれた。住まいも布団を敷くと歩く隙間もない狭い１DKのアパートだが，自分の家だと思えた。何より継父が，ともに暮らし庇護する対象として自分を選んでくれたということが，それ以外の粗暴な言動を補って余りあるうれしいことだった。継父のユメナに対する態度も，母には頼もしく思えた。箸が上手に使えずご飯をこぼしたユメナにたいして，「自分のことがちゃんとできなければうちでは暮らせない」ときつく叱る姿が，父親らしく，好ましく映った。母は，自分は普通の家庭を知らないと思っており，親らしい振る舞いとはどのようなものかわ

からず，ユメナに対しても親としてどのように接すればよいのかよくわからなかった。しかし，継父と一緒にユメナを叱っているときは，自分が親らしいことをしている気になれ自信が持てた。また継父とも一体感が持て，家族だと実感できた。母は，継父と一緒になってユメナのことをきびしく叱った。

その継父との間に男の子が授かった。ユメナは6歳になっていた。継父も母親も妊娠をよろこび，産まれるのを楽しみにしていた。母親は，ユメナを妊娠していたときは毎日が不安で，おなかの子がいなくってくれればいいのにと思うこともしばしばだった。しかし，継父との間に産まれてきた長男はとてもかわいく，継父も初めての自分の子どもをかわいがった。

生まれた息子は可愛かったが，ユメナを生まれてすぐに乳児院に預けた母親にとって育児は初めてのことで，昼夜を問わない頻繁な授乳やおむつ換え，ぐずる乳児の世話は，大変だった。何をしていても長男が泣くと中断しなくてはならず，いらいらした。そんなときに，弟の存在に触発されたユメナが以前とは違った様子で甘えてくるのは耐えがたいことだった。イライラをとおり越してカッとなり，ユメナの体を突き飛ばしたり，叱りつけたりした。表情をこわばらせロボットのように体を硬くするユメナの様子は，ますます母をいらだたせた。暴力をふるうことで，いっそう攻撃的な気持ちや怒りが高まり抑えられなくなった。

小学校に通（かよ）うようになると，学校でユメナはさまざまなトラブルを起こした。自分の思いどおりにならないことがあると友だちに手を出し，いつも自分が母や継父からされているように乱暴な言葉を使って威嚇（いかく）した。遊んでいるときも，友だちに命令し，自分の思いどりにしないと気がすまなかった。その一方で担任の先生にべたべ

たと甘えて，先生を独占しようとした。落ち着きがなく乱暴で，「ユメナがいるとクラス全体が落ち着かないので何とかしてほしい」と，他の子どもの保護者からも苦情が出て，担任も困り果てた。

　ユメナがトラブルを起こすたび，母と継父はユメナをいっそうきびしく叱り，体罰を加えた。しかし，どんなに叱っても，ユメナの行動に変化はみられなかった。それどころか，決して謝らず，とくに母親に対しては，時にはにらみ返すなど，反抗的な態度が徐々に目につくようになった。父母とユメナの関係はどんどん悪化していった。

　両親は，異父弟はかわいがるもののユメナにはきびしく，家のなかでも些細なことで激しく叱り，叩くことが増えていった。家族そろっての買い物や外出の際にも，ユメナだけ家で留守番をさせた。普段の弟の世話も1年生になったユメナの役目だった。ある冬の寒い日，食事をぐずる弟をユメナがつねって泣かせ，それに腹を立てた父母がユメナを叩きアパートの外に追い出した。

　この事件をきっかけに，児童相談所がかかわることとなった。施設入所については，ユメナの頑固さや情緒の不安定さなどを理由に母自身が養育困難を訴えた。調査の結果，両親のユメナに対する思いや子育てに関する固定観念，虐待の状況から，現状では養育が困難であり，施設入所が適当と判断された。父母もその決定に反対することはせず，「強情な性格を直して，もっといい姉になってもらいたい」と入所に同意した。こうしてユメナは児童養護施設「城南学園」に入所することとなった。

(3) プレイセラピーの開始

▼施設について

　城南学園は，都市郊外にある，小舎制の施設である。広い敷地に7つの寮舎が点在し，各寮には男女さまざまな年齢の子どもたちが10人から12人で生活している。ほかにグループホームが地域に2か所ある。ユメナが生活する本園の「さくらホーム」は，中年の女性職員が1名，20代の女性職員が2名という職員構成で，11人の子どもが在籍している。古くからその地域にある施設であるため，近隣との関係もよい。年に1度は学区の小学校の教員が全員で城南学園に訪問見学にきて，子どもの様子についてRWらと意見交換をするなど，学校との連携も取れている。

▼生活場面の様子

　入所してきたときのユメナは，小柄でやせており，体はいつも硬く強張っていたが，周りの様子や動きを些細なこともらさぬよう大きな目でじっとみているような子だった。入所後は，隠れ食いや食べ物を隠すなどの食へのこだわり行動，夜尿とともに昼間も遺尿のような症状がみられた。また，1つのことに集中できない，反抗的になる，RWを独占しようとしつこくつきまとう，などの行為がみられた。

▼プレイセラピー導入の経緯

　施設では，入所時に全ての子どもと施設心理士が面接することにしている。ユメナとも，施設案内の一環として連れられてきたプレイルームで初めて会った。ユメナは施設心理である筆者の「ここは遊びやお話しをしながら，困ったことや大変なことについて相談し

たり考えたりするところ」という説明を聞きながら，プレイルームにあるおもちゃを次々にさわり関心を示した。それ以降「あそこ（プレイルーム）で遊びたい」としきりにいうようになった。さくらホームで生活を始めてから間もなく，ユメナは上述の問題行動に加え，職員やホームの子どもへの暴言やかんしゃくなど，次々に対人関係上の問題を起こすようになった。そのため，「何とかしてほしい」とさくらホームの職員から依頼があり，全体会議を経てプレイセラピーを開始することになった。

▼治療経過と治療構造

1回50分，原則として1回／週，プレイルームにてプレイセラピーを行った。8歳（2年生）で始まったユメナとのプレイセラピーは10歳（4年生）になるまでの約2年，フォローアップの1回を含め全68回にわたった。ユメナが本園からグループホームに移ったことを機に，オープンエンドの形で終結となった。プレイルームと面接室がある建物は，木立に囲まれた生活棟から離れた場所にあり，建物まではちょっとした林の小道のようになっている。以下に，ユメナとのプレイセラピーの経過と内容を全4期に分けて示していく。ユメナの言葉は「　」，Thの言葉は〈　〉，RWら他の援助者の言葉は［　］で表す。

▼第1期（#1〜22，X年6月〜X年+1年1月）
　　荒れる心──リミットテスティングと関係づくり

初回の面接は担当職員のナオ姉さんに送ってもらい，面接棟までやってくる。ナオ姉さんからは，［ユメナちゃんが遊びたがっていたプレイルームで遊べるようになったよ］と聞いてきた様子。プレ

イルームに入ると,「どうしてここで遊ぶことになったの？」。〈ユメナちゃんがさくらで怒ったりすることがよくあると聞いた。それにはきっといろいろと困ることや大変な気持ちがあるからじゃないかと思って,ナオ姉さんも職員もみんな心配している。〉というと,「ふーん。Thも？」。棚にある人形やおもちゃを次々にさわり,「あ,これみたことある」,「しってる」,「(赤ちゃんの姿をしたミルク飲み人形をつまみ) へんなのー！きもい!!」としゃべり続ける。ソフトテニス(布製のラケットで行うバトミントンのような遊び)のラケットをみつけ,「これやろう！」。Thが返せないように思いっきり打ち,ユメナばかりが点を取る。Thがたまに得点すると,「いまのはナシ！」。〈ユメナちゃん上手だね。絶対負けたくない気持ち,よーくわかったよ。ユメナちゃんが楽しい遊びを探していこうね〉。それには答えず,一方的に勝つソフトテニスを続ける。2人とも汗だくになる。終わりの時間がくると,「えー,もっと遊びたい！」。〈そうだね。でもここでの遊びは終わりがある遊び。楽しかったけど,その時間が来たね。一緒に片づけよう〉。「やだー,Thが片づけて」。〈そんなこといわずに〉。Thが片づけるかたわら,しょうがなさそうにぐずぐずと片づける。

　第1回目の面接後,面接での印象と「虐待を受けた子どもの行動チェックリスト (ACBL-R[1])」,児童相談所からの心理査定をもとに,さくらホームの職員とケースカンファレンスを行った。ユメナの行動と心理的側面に関する基本的理解を深めるとともに,日常生活でのかかわりの見直しを行った。チェックリストの結果,「虐待的人間関係」,「力による対人関係」,「注意／多動の問題」,「食物固執」,「感情調整障害」の各項目で臨床域であり,対人関係の問題と食物に対する固執と感情や行動における自己コントロールの困難さなど

が示唆された。ホームや学校での生活では，これまでの生育歴も相まって，たび重なる叱責が自己評価の低下につながり，人間関係も悪循環に陥っていることがうかがえた。指示やルールを守れず注意をすると反抗するユメナに対して，正面きってぶつかることを極力避け，好ましい行動は些細なことでも逃さずに賞賛し，ユメナの良い行動がRWにもたらす「うれしい気持ち」を積極的に表現するよう話しあった。

　#2では，プレイルームのルールを説明する。あらためてThの役割について説明すると，「しってる。ゆいちゃんもまさるも心理やっているから。ほかの子とも会ってるんでしょ」。〈そうだね，気になるね。みんな家族と離れて暮らしているよね。中には，そのことや，前にお家であった大変なことで，苦しい気持ちになる子もいる。ここは，遊んだりお話ししながら，どうしたらいいか一緒に考えていくところ。Thはみんなと一緒に気持ちや心のことを考える仕事の人〉。「ふーん……」。〈ユメナちゃんは，何か心配なことや困ったこと，ある？〉。「…………」。Thの方をみることもなく，おもちゃをいじっている。シルバニアファミリーに興味を示し，いろいろな人形を出す。赤ちゃんの人形を手にして，「キモイ！」と放り投げる。人形を使ったごっこ遊びはできず，ただ出すだけ。「サッカーしよう！」と柔らかいゴムボールを持ち出す。双方の背後の壁をゴールに見立てて，サッカーをする。初めは真ん中がゴールと決めていたのが，Thが届かない壁の隅に当たった場合も得点となる（#3）。なかなか1つのことに遊び込めず，シルバニアファミリーや人形，ボードゲームなどをやり散らかしていく。サッカーやソフトテニス，卓球など，体を使った遊びはある程度続くが，絶対に勝ちたいムキになり，勝つことにこだわる。自分が得点されそうに

なると，あらかじめ決めてあったルールを変更し，「今のはナシ」，「○○だったから関係ない」などと，都合良くごまかす（#4～5）。

　片づけをしたがらない傾向が，徐々に強く現れるようになる。終了5分前になり，〈そろそろ片づけをしようか〉。「もうちょっと……」。Thの声かけにも顔を上げず，人形遊びをしているふり。〈一緒に片づけるのがルール〉。Thがしっかりと伝えると，手にしていた人形を急に放り投げる。そのまま黙ってややふてくされた様子で乱暴に次々と出ていたおもちゃを投げるように片づける。〈片づけてくれて，ありがとう。でも，嫌な気持ちもしたのかな。この次，お話ししよう〉。「話なんか，しないよ！」。途中で，乱暴にドアを閉めて退室する（#6）。夏休みに入り，施設の行事などで面接の間隔がしばらく空く。久しぶりとなったその次の回では，入室して来るなりThに抱きつく。甘えた様子で「何して遊ぼうか，遊ぶの楽しみー」。〈そうだね，いっぱい遊ぼう。前のとき，お片づけのことで怒っていたようにみえた。どんな気持ちだったのかな〉。「しらないー」。ままごとをするが，皿に料理を盛り，「ハイ，食べて！」と乱暴に出すだけ。関係性やシチュエーションがよくわからず，すぐに別の遊びに。終了時間が近づいても，やっている遊びをやめようとしない。終了時間を守らないことや，片づけをせずに部屋を飛び出して帰ってしまうことはこのあとも続いた（#8～12）。そのため，時間を延長してしまったり，片づけが終わっていない部屋にThが1人で取り残されてしまうことが頻繁に起きるようになった。

　Thはユメナとの面接について，閉塞感とともにイライラした気持ちが生じていることを感じていた。そのため，#13からいくつか面接設定の変更を行う。通常のプレイセラピーの設定は，面接50

分，その他片づけや子どもの送迎やRW対応に40分と，1つのケースにつき90分の枠を取っていた。それをユメナとの面接では，面接50分，それ以外の時間を70分，計120分とした。また，片づけが途中でも時間が来たら，〈あー，惜しい，途中だけどあとはThがやっておくね。この次頑張ろう！〉と，基本的にはプレイセラピー終えることとし，片づけは2人の共通目標とした。そして終わったあとはThが「さくらホーム」までユメナを送っていき，ホームで必ずRWと顔を合わせてユメナを帰すよう心がけた。こうしたTh側の時間構造の変更により，気持ちにゆとりが生じ，以前より落ち着いてユメナの終了しぶりや片づけをめぐる攻防にも対応できるようになった。プレイセラピーの時間はできる限り設定を緩めないようにする一方で，片づけや面接後の送りなどは養育的・保護的側面とも重ねあわせ，構造を緩めることにした。

そのおかげか，片づけは相変わらずやらないものの，緊張関係のままプレイセラピーが終わることは減り，終了しぶりも徐々に少なくなっていった。

こうして面接終了時の状況は改善したものの，ユメナとThとの治療関係の苦しさは完全には解消されず，それは徐々に苦しさを増していった。ゲームで何が何でも勝とうとする様子や，Thに対する命令やしばりがいっそうきつく現れるようになる（#14〜22）。ソフトテニスでユメナが取りやすいようボールを打つと，「もっと強く打ちなよ！」と叱られた。それじゃあ，と，やや強く打つと，「そんな風にしちゃいけないんだよ！」，「それじゃあ，線から出ちゃうじゃん!!」，「下手なんだから！」となじられ，ルールを変えてしまったり，つじつまの合わないルールを主張した。Thは，思うとおりに動くと叱られ，かといってユメナのいうとおりにしても怒

られ，何をどうしても身動きがとれない，がんじがらめで途方に暮れるような気持ちを Th は味わっていた。

　プレイセラピーでは苦しい展開が続いている一方で，生活場面では，少しずつ状況が落ち着いてきていた。食に関する問題行動は改善され，RW に対しては時に反抗的にはなるものの徐々に態度は安定してきていた。面接開始時のケースカンファレンスでの支援方針を受けて，RW に良い気持ちも悪い気持ちも理解されることが多くなり，ほめられることも増えていた。それにともないユメナも RW に対して信頼を示すようになっていった。他児との関係や，RW への反抗的な態度などで注意されることの多いユメナであったが，［あらら，またユメナの暴れ虫が出てきたねー］などといわれ，ふてくれさながらも RW の言葉はちゃんと耳に届いているようで，RW との関係も徐々にできつつある様子がうかがえた。プレイセラピーが終わってホームに戻るときに，担当の RW であるナオ姉さんがいると，とくによろこび，甘える様子がみられた。

　学校内でもユメナは何かと問題を起こしていたが，その都度 RW が担任の先生とも連絡を細かに取り合い，相手の子どもの家庭に謝ったり，時には学校に付き添い登校をするなどして対応していった。

　Th は，頻発する問題への対応に，時に心がめげてしまいそうになる RW の働きをねぎらい，グチも含めて RW の話をこまめに聞くよう心がけた。とくにホームの職員間で苦労を共感しあい，互いを支え合えるよう，日常の打合せのなかでも，事実とともに感情を共有しあえるような介入を意図して行っていった。ユメナに対してだけでなく，ユメナの思いを受けとめる中心的役割を担うナオ姉さんの苦労や，各 RW のユメナへの対応について困った場面を共有

し，そうしたときに直接対応していない他のRWが寮のなかでどのように動くことが，子どもに対応しているRWのサポートになるかを話し合った。

▼ **第2期（#23〜36，X年+1年2月〜6月）**
 どうしてわたしばっかり!?――怒りの裏にある傷つきと悲しみ

　年末年始の帰宅が予定されていたのだが，直前になって「弟が風邪をひいて」ということを理由に，中止になってしまう。年明けのRWからの話では，[とくに泣いたり怒ったりはしなかったけど，内心はきっとショックだったと思う] という話を聞く。ちょうどナオ姉さんが年末年始のシフトで勤務しており，帰宅できなかったのは残念だったものの，ユメナとほぼマンツーマンで過ごす時間が持てた。ナオ姉さんとの関係は深まり，[「一緒に寝て」，っていうのも，いつもと違って落ち着いてというか心からというか。気持ちが良く伝わって，ユメナのことがよくわかった気がした。でも，添い寝して話してても，かえってなんかさびしそうでした。] と語られる。Thは，〈「さびしい気持ち」をようやくナオ姉さんに素直にみせられるようになったのかも。ネガティブな感情を表現できるというのは，弱みをみせるのと同じ。彼女にとってそれは大きな前進だし，関係の深まりのしるしでは？〉とナオ姉さんに伝え，ユメナのありようの理解を促すとともに関係の深まりを評価した。

　#25では，入ってくるなり「家をつくる！」ドールハウスの隣に大きなブロックで囲いをつくり，「ここ（ドールハウス）が私の家で，ここ（ブロックの囲い）がThの家ね！」。ままごとセットを使ってご飯の支度。相変わらず，役割や設定は不明のまま。「できましたよー」。〈わー，お腹すいた。ごはんください〉。「だめ！　それ食っ

ときな！　まずいやつね」。〈えー，おいしいのがいいな〉。「いいんだよ」。ドールハウスの窓から隣のブロックに食事を手渡すので，〈一緒に食べたいな……〉というと，「だめー。私はこっちでおいしいご飯を食べるんだから。餃子とー，チャーハンとー，エビチリね」。〈私も一緒にチャーハン食べたいな。さみしいなー。でも，つくってもらったからここで食べよう〉。別々の家で，ユメナはおいしい食事を，Thはおいしくないものを渡されて食べる。終了を告げても「まだ！」と次々とおもちゃを出して帰ろうとしない。〈終わりがあるのはイヤだけど，でもまた次がある〉。「じゃあ，おんぶしてくれたらいいよ」。おぶって寮まで戻り，以後しばらくセラピーの送りはおぶうことが定着する。

　その後の面接でも，Thに食事を食べさせたり，留守番をさせたりするというままごとを繰り返す。遊びのなかに，赤ちゃんの姿をしたミルクのみ人形が登場する（#28）。「こいつ（ミルクのみ人形），すぐ泣いてウザインだよね」。赤ちゃんにもご飯をつくり，Thに「食べさせて」。Thがスプーンを使って食べさせていると，「違うよ！　こぼしたりするんだよ。そんなうまく食べないんだよ」。Thがいわれたとおりに，〈あっ，こぼしちゃった。ごめんね。難しいなぁ。ミルクの方がいいのかな……〉と，うまく食事をさせられないふりをしていると，「かして！」と乱暴にThから人形を奪い取り，ぐいぐいとフォークで食事を押し込めるようにする。〈わあ，そんなにいっぺんに食べられないよう。苦しいよう〉。「食べなきゃ大きくなれないでしょ！　せっかくつくったんだから，食べろ！」。〈えーん，お口のなかがいっぱいだよう。困ったよう……〉。「食べろ!!」。〈わかりました……〉。箱をみて，赤ちゃん人形に「メルちゃん」と名づける（#29）。以後，メルちゃんに無理矢理食事をさせ

たり，Thを家から閉め出したり，乱暴に食事を与えたりするプレイが続く。食べさせているときのユメナは鬼気迫るといった感じで，Thが声を掛けるのもためらってしまうような迫力があった。Thは，プレイの内容から，ユメナのつらい過去と荒ぶり傷ついた気持ちを感じ取っていた。ユメナとのプレイセラピーのなかでは，途方に暮れる感じや惨めな気持ちを味わわされ，時に投げ出したくなる場面もあったが，プレイのなかに現れる傷つきや怒りはThの胸に迫り，徐々にユメナへの共感といじらしく想う気持ちが育っていった。また，プレイルームからの帰りにおんぶを求め，ぎこちなく甘えてくる様子や，木立のなかを2人でゆっくりと歩く時間は，2人そろって巻き込まれている乱暴で混乱した気持ちの渦から，2人を普通の大人と子どもに引き戻してくれた。

　このころの生活の様子をRWに聞くと，同じ寮の年少児に対する意地悪がひどく，RWに頻繁に注意をされているということだった。そうしたユメナの態度を快く思わず，もっと厳しく対応すべきという意見や，ナオ姉さんとユメナの関係が［密着しすぎている］と心配する職員もいた。とくにベテランの女性職員であるヨシコ姉さんはユメナに厳しく，ナオ姉さんとも緊張関係にある様子だった。3年生に進級し，担任も替わり新しいクラスになったが，そこでもユメナは些細なことで怒りを爆発させ，教師に反抗的な態度を取ったり，時には教室を飛び出してしまうこともヨシコ姉さんがユメナを「甘やかしている」とみなす根拠となっていた。そこで，寮会議を開き，ユメナに対する理解と援助方針について，改めて検討することにした。Thはまず，ヨシコ姉さんに対し，〈ヨシコ姉さんの見方や考えは正しい。それはユメナが今後めざすべきところであり，援助の目標ですね。〉と肯定した。そのうえで，良い対象

と悪い対象を統合できずに，他者にそれを極端なかたちで投影し行動してしまうところや，これまでの体験から形成された「私ばっかり悪い目にあう」という受け取り方などのユメナの心理的な特徴を，日常生活で起きる具体的な出来事と結びつけて説明した。また，その対象として，正負それぞれの投影を引き受けユメナに接せざるを得ない，ナオ姉さんとヨシコ姉さんたち職員の大変さをねぎらい，〈そういうことをわかっていても，お互いちょっとぎくしゃくする場面も出てきませんか？〉と，笑いながら含みをもたせるように問いかけた。ヨシコ姉さんは，［それはない。自分はもうこの仕事も長いので虐待を受けた子の心理的な特徴はよくわかっている。ナオ姉さんも若いのに大変な役回りをよく頑張ってくれている］とナオ姉さんを誉めた。Thはすかさず，〈さすが！　でも，ヨシコ姉さんの方が損な役回りでツライですよね。ユメナのことをこんなに真剣に思っているのに，憎まれ役にさせられて。〉と応えると，ヨシコ姉さんは［いつものことだから］とすねたようにいって全体の笑いを誘った。このやりとりで一気に緊張した会議の場がほぐれた。その後，Thから家族から追い出された傷つきや兄弟への葛藤が現在のプレイのテーマとして表現されていることを報告し，ユメナの深く傷ついている気持ちを伝え，改めて生活場面におけるユメナへの具体的な対応について検討した。そこで，悪い行為は毅然と制止しつつも，その以後にある「むらむらと意地悪したくなる気持ち」の存在は悪いこととしてではなくどうしようもなく自分のなかに生まれてきてしまうものとして言葉ではっきりと認めることとした。そして，それをコントロールできないつらさに共感しつつも，ユメナの課題として［がまんできるように職員と一緒に張っていこう］という対応をとることになった。

#32で，無理矢理食べさせるプレイのあとにThがそっと〈食べなきゃならないメルちゃんも苦しいけど，ぱくぱく食べてくれないとあげる方も苦しいね〉というと，「弟もそうだった」とポツリという。「弟によくお菓子とかジュースとかあげたけど，いっつもこぼして（私が）叱られた」。〈そうか，それはユメナちゃん，しんどかったね。ユメナちゃんは，悪くないのにね〉。Thがそう答えると，ユメナははっとしたようにThの方をみて，「なんで？」という。〈だって，ユメナちゃんだって子どもで，小さな子におやつをあげたりするのは，難しすぎて上手にできなくて当たり前〉。「だけど，お母さんはそう思ってない……」。Thは胸がつまり，そっと，〈そうか……悲しかったね……〉とつぶやく。ユメナはしばらくメルちゃんをいじったり，ままごと道具をさわっていたが，片づけを始めたThの背中に，「かえろ」と乗っかってくる。その日のユメナは，いつになく甘えた様子で担当職員の側を離れたがらなかったということを翌日聞く。

　その次の回は，ふてくされた様子で入室。入ってくるなり，隅っこのソファーにグッタリと座る。足を投げ出し，「メルちゃんとって」。Thが渡すと，「やっぱり今日は別のにする」。ボードゲームやジェンガ，ソフトテニスなどいろいろ手にするが，どれも気乗りがしない様子で，仕草も投げやり。〈今日は何だか，元気がない？〉。どうやら，面接に来る直前にさくらホームで叱られた様子。「いっつも小さい子ばっかりひいきして，むかつく」，「私には何にもしてくれない」。〈ほかの子の方が大事にされていると思って，腹が立って悲しい気持ちなんだね〉。プレイルームにある箱庭を目にとめ，ふたを開けてなかの砂をまき散らす。このころ，ホームではべたべたと甘えてみたり，イライラしたりと，不安定な様子が目立

つという報告を受けていた。Thは，ユメナの傷つきの部分が表面に浮上し生活のなかにも表れているのかもしれない，とホームの職員に伝え，いっそうの保護的かかわりの重要性を伝えた。

　担当児童福祉司は，4年生になる前の年度末での家庭引き取りを目標に，まずは夏休みの長期外泊をと考えていた。そこで，その話し合いのために，児童相談所でユメナの家族とユメナ，担当RWとで面談と親子交流の時間が設定された。ちょうどユメナの誕生日が近く，ユメナは母親にその当時流行していたブランドのパーカーをプレゼントに頼み，楽しみにしていた。しかし，ほしかった服とは違うものをお母さんが買ってくる。がっかりしたユメナが憮然（ぶぜん）としていると，その態度を両親にとがめられ，さらに「そんなことでは夏休みも家には戻れない」といわれ，「結局むりなんじゃん！」と，児童相談所で大泣きするという事件が起きる。ナオ姉さんが同席していたが，ナオ姉さんも［私が一緒にいたのに，ユメナが傷つくような展開にしてしまった。それにしても，帰省をドタキャンしたり，ユメナの気持ちをちっとも理解せず，ユメナの両親はヒドイ］と，学園に戻ってきてから自己嫌悪とユメナの家族への怒りで落ち込んでいた。Thは，ナオ姉さんの感情的な怒りや傷つきをまずはしっかりと聞くことを心がけた。そのうえで，〈ユメナちゃんが1人じゃなく，その場にナオ姉さんがいて，そして一緒に傷つき，傷ついた気持ちを共有してもらえる体験ができて良かった。残念だったけど，そのなかにも意味はあったと思う〉と伝えると，［私もそう思う。いっそうユメナがかわいくなりました］と，ナオ姉さんが泣きはらした顔で笑う。

　その後のプレイセラピーでは，メルちゃんに無理矢理食事をさせて，それから病院に連れて行く，というプレイが現れる。Thに

「ご飯を食べさせて」とメルちゃんを渡して、「この子、はみだしっこなのね」という。Thがご飯を食べさせていると、「あ、熱いスープでやけどするのね」という。Thが〈あ、こぼしちゃった！大変だ、病院に連れて行かないと！〉とあわてていうと、きゃっきゃと笑って、ユメナが医者になる。「どうしましたか？」。〈スープをこぼしちゃったんです〉。「じゃあ、治しましょう。うーん、これは無理かもしれませんね」。〈先生、何とかしてあげてください。この子は大切な子なんです〉。「わかりました。じゃあ、お薬をあげましょう。また明日来て下さい」。〈だいじょうぶでしょうか？〉。「じゃあ入院させましょう」。入院させるが、ユメナがこっそり毒の注射を打つ。〈どうでしょうか？〉と翌日迎えに行くと、「死にました。ハイ、持って帰って」と乱暴にメルちゃんを放り渡す。Thが、〈どうしよう……！　大切な子なんです。先生、助けて下さい！〉というと、「じゃあ、しょうがないな。ハイ、これで生き返りました！」と生き返りの注射を打つ（#35）。同じ遊びを繰り返し、#36では、「家に帰ったら、この薬を飲ませなさい」と、生き返り後に服薬する薬をくれる。

　生活場面では、児童相談所の一件以来、とくに担当のナオ姉さんにべたべたと甘える様子が顕著になる。ナオ姉さんに、お風呂や寝る前に「どうしてユメナはここに来たの？」、「お母さんは私がいらないの？」と、何度か尋ねてきたということだった。セラピーでも同様のテーマが展開していることを伝え、ユメナの不安をしっかり聞きながら具体的な今後の家族とのかかわりについて、RWから丁寧に説明してもらうことにした。RWは現実的な次元で、Thは象徴的な次元で本児の不安を扱う、という治療方針を共有した。

▼第3期（#37〜58，X年+1年7月〜12月）
家族になりたい──現実の抱えとファンタジーの展開

　夏休みを前にして，ユメナの一時帰宅予定をたてようと施設のファミリーソーシャルワーカー（以後，FSW）がナオ姉さんとともに家族と連絡を取るが，なかなか日程が定まらない。母親は「弟に手がかかるので」といい，「ユメナには，いいつけをちゃんと守れるのであれば帰ってきてもいい，といってください」という。この状況では，夏休みの帰宅をしてもユメナが傷つくことが予想され，長期帰宅を見送り，2泊のみの短期帰宅とする。帰ってきたユメナにナオ姉さんが［どうだった？］と様子を聞くと，ユメナなりに頑張っていいつけを守り，積極的に弟の面倒をよくみる「良い子」をやってきた様子。しかし，やはり弟と同じように，子どもとしてかわいがられ甘えさせてはもらえなかったようで，家での様子について多くを語りたがらなかった。FSWから担当児童福祉司に状況を報告し，母親を中心としたより積極的な家族支援を依頼する。

　このころになると，メルちゃんだけでなく他の人形やいろいろな動物のぬいぐるみも登場してプレイが展開するようになる。ドールハウスにたくさんの動物のぬいぐるみを入れて座らせ，ティーパーティーをする。Thにも支度を手伝うようにいう。途中でユメナだけがドールハウスを出て，クスクス笑いながらケーキをハウスの陰で隠れて食べ始める。〈あれー，1人だけ外で食べてる子がいますね？〉とThがいうと，「それは，いらない子どもだからです」。〈いらない？〉と尋ねると，「お母さんむかつく！」といいかけ，「違う，お父さん！」，「弟が嫌い！」と矢継ぎ早にいう。〈お母さんやお父さん，弟に怒りたい気持ちがあるんだね。"いらない子だと思われてる"と思って悲しくなるのね〉。Thをじっとみているが，

突然「ソフトテニスやろう」と話題を変える（#39）。#40から，おんぶで帰る代わりにかくれんぼをしながら帰るようになる。Thより先にプレイルームを出て，入口付近や出口すぐの所に隠れて待っている。Thがみつけるとうれしそうに出てきて，手をつなぎながらホームまでの小道を帰ることが以後続く。夏休みの帰宅が短かったユメナは，ナオ姉さんと2人で「特別外出」をする。学園では，事情があって帰宅できない子どもや帰宅が短い子どもは，自分が一緒に出かけたい大人と2人っきりで好きなところにお出かけするという行事を設定していた。ユメナはアトラクションがたくさんあるプールに行くことを希望し，ナオ姉さんを1日独占して楽しく遊び，満足していた。夏休みの終わり，ユメナはナオ姉さんにみてもらいながら，家族に「今度，弟を連れて行ってあげるから，一緒に行こう」と特別外出の様子を書いた手紙を送った。

　#41で，病気のメルちゃんの看病をする。熱を測り，病院に連れて行く。Thに「連れてって」というが，「あ，やっぱり自分で連れて行く」と，メルちゃんをおぶって病院に行く。たくさんの動物や人形を部屋に詰め込み，メルちゃんだけご飯をあげない，洋服が古い，などのプレイが展開されるが，徐々にその頻度が少なくなってくる。くまのぬいぐるみが，メルちゃんの大事な友だちとして登場する（#44）。「これはね，ナナちゃん。ナナちゃんは，メルちゃんのお世話をするの」。ナナちゃん役をユメナが，メルちゃん役をThがする。ナナちゃんが〈さいきん，メルちゃんは小さな子の世話をちゃーんとやっているみたいですよ〉と部屋を片づけながら話す。このころ，実際にさくらホームの職員からも，ユメナがホームのなかで小さい子にやさしくなってきており，ほめられることもある，と聞いていた。Thは，ナナちゃんとナオ姉さんが重なるよ

うに感じていた。またそれは、ユメナのなかで育ちつつある部分でもあると感じていた。ドールハウスを家に見立て、少し離れた場所にブロックで別宅のようなものをつる。〈Thはあっちに行ってて〉とThを別宅にやる。ドールハウスでメルちゃん、ナナちゃん、そしていくつかのぬいぐるみで一緒に暮らす（#46）。「あっち（Thのいる別宅）にもお家はあるけど、ぼろくて寒くて、よくないのね。こっちの方が友だちもいるし、ご飯もあるから、こっちにいるの」、「もうずーっとこっちにいるのねー。メルちゃんは9歳になったの」と話す。Thは、このところのプレイの様子から、ユメナのなかに学園での生活がしっかり根づいてきたこと、家族との葛藤は依然としてありながらも、傷ついてきた心が癒され、さくらホームでの生活が育ちの力となってきているようにみえることをRWに伝える。そのことをふまえ、ユメナに対して成長してきている姿を積極的にフィードバックしていく必要性を話し合う。

　家族再統合に向けて、児童相談所と話し合いを持つ。冬休みにお正月を挟んで4日間の帰宅が計画される。

　#50では、箱庭で遊ぶ。大きなハウスを置き、そのなかに家具を入れ、お父さん、お母さん、女の子、子どもをテーブルの周りに座らせて、食事をさせる。その後、家族全部を寝かせるが、寝ている間に、女の子だけをハウスの外の砂のなかに隠してしまう。朝になり起きるが、女の子がいなくなっているのに他の家族は普通に食事をする。「あれ、女の子がいませんよ、っていって」。Thが、〈女の子がいませんよ〉というと、別の人形を取り上げ、ユメナが自分で隠した女の子を捜し出してくる。同じ遊びを繰り返す。女の子が寝ていると、寝ている周りに、蜘蛛や蟻などの虫が置かれている。〈わー、こわいよう〉とThが女の子の役になっていうと、「黙って

寝てなさい！」。どんどん増えていくため，女の子がこわそうにしていると，「もう出て行きなさい！」と家を追い出される。お母さん人形が来るが気づかず，そのまま子ども人形とお父さん人形と一緒に出かけてしまう。戻ってきたときに「女の子が気持ち悪いものを使って追い出されて外にいます，って教えて」という。Th がユメナのいうとおりにし，〈女の子は追い出されてしまって悲しいこと，だれにもいえなくて１人で頑張ってたんだね。大変だったね〉というと，「そう。」と頷く。＃53 では箱庭にたくさんの怪獣や動物を並べ，「闘(たたか)いね。」と，Th 側の人形をなぎ倒していく。倒されると，Th の人形がユメナのものになっていく。最後にウサギが１匹だけ残る。〈１人ぼっちは，さみしいなあ……〉。「１人でちゃんと暮らしなさい」。〈１人じゃイヤだよう〉。」「しょうがないね，じゃあ，お家をつくってあげるよ」と，家をつくる。帰り際に「また来週来るからね」とぬいぐるみに手を振って出ていく。

▼ **第４期（＃59〜68，X 年＋２年１〜５月）**
　いろいろなんだよ——不安定を抱えた安定

　このころになると，ユメナのホームでの生活は，いっそう安定してきていた。食の問題は消失し，夜尿もなくなった。RW に対する態度も安定し，年下の子どもへの意地悪も減っていた。

　お正月に一時帰宅をするが，学園に戻ってきたユメナはずいぶんと疲れた様子だった。帰る前はナオ姉さんに「帰ったら，こうちゃん（異父弟）に絵を描(か)いてあげるんだ！」などと，弟にしてあげようと思っていることをいくつも話し，帰宅を楽しみにしていた。しかし，実際に帰ってみると，３歳になった弟はユメナの想像のようにいうことをきいたり楽しく遊べたりはせず，相変わらず父母から

もささいなことできびしく叱責された。ユメナは，家族のなかに自分の居場所がないように感じた様子だった。しかし，ホームでの生活態度に大きな変化はみられず，かえって学園に戻ってきたことで，ほっとしているようにも見受けられた。

　#59では，メルちゃん，ナナちゃん，いくつかのぬいぐるみでドールハウスに入る。メルちゃんに布団を丁寧にかけ，ご飯をつくってあげる。夜になり寝るときに「夜中に，メルちゃんが"寒いよー"って来るのね」。〈さむいよー〉とThがいうと，「しょうがないなー」と，抱いて寝る。〈寒いとお布団かけてもらえて，メルちゃんは大切にされているね〉。「子どもにはそうしてあげるんだよ」。一時帰宅で子どもらしくない気をつかわなくてはならなかったのに安定したケアのプレイが展開されていることは，これまでのホームでのケアの成果だと感じ，うれしく思う。#60では，電話で遊ぶ。「電話を取って」とユメナにいわれ，Thが，〈はい，さくらホームです〉とヨシコ姉さんのマネをして出ると，「ヨッシー（ヨシコ姉さん）そっくり」とケタケタと笑う。「あのね，いま，Thと遊んでるんだよ」，「今晩のご飯は何？」，「マサルは何してる？　あー相変わらずおもらししてますか，それじゃあ！」。はしゃぎながら電話で話す。Thが学校や事務室のふりをして電話を取る。ユメナがThに背を向け，もぞもぞと少し緊張した様子で番号を押しているので，Thが〈もしもし，お母さんです〉と出ると，はっとしたように振り向く。「もしもしお母さん。いまね，しんりの部屋で遊んでるの。また帰るね。じゃあ」。早口で一気に話し終わると電話を切り，電話の遊びをやめる。#61では，メルちゃん，ナナちゃんなどの人形とぬいぐるみをたくさんそろえ，ままごと。ユメナはかいがいしく，ご飯をつくったり寝かしつけたりと，世話をする。#62

で再び電話の遊び。「あのね，お母さん，いまメルちゃんとかナナちゃんとか猫とかとね，みんなで一緒に暮らしてるの。小さい子もいるんだよ。みんないい人だから楽しいよ」と弾んだ声で話す。言い終えると受話器を置き，Thの横で寝転び，ビーズクッションをいじったり抱いたりしている。そのまま終わりの時間まで寝転んで過ごし，時間になると「帰ろう！」とThと手をつないで帰る。

 2月初めに母から児童相談所に，継父との間の第2子を妊娠したとの連絡が入る。そして，「2人目を妊娠中で弟も手がかかるので，春にユメナを引き取ることはできない」という意向が伝えられた。ちょうど同じころ，ナオ姉さんがグループホーム（以下，GH）に異動することが決まり，3月いっぱいでユメナの担当から外れることになった。［ユメナを置いて外に出ることはすごく心残り］と涙ぐむナオ姉さんの話をききながら，良い経過をたどってきているだけに，Thも内心困ったことになったと思っていた。RWとThは，母の妊娠，引き取りの延期，そしてナオ姉さんの異動がユメナを大きく動揺させるのではないかと心配し，またこのことをどうユメナに伝えたらよいか，話し合った。

 #63では「たまにはこれで遊ぶ」と箱庭に人形を置く。父，母，女の子，子ども2人を置く。Thは，ユメナにはまだ母の妊娠を伝えていないのに，どういうことだろうかと不思議に思う。「寝かしつけしてくれるのね」，「本読んでくれるのね」と，「お母さんも」とお母さん人形も置き，ベッドにお母さんを休ませる。Thもユメナと一緒になって，寝かしつけをしたり，絵本を読んだり，食事の世話をする。左隅に小さな家と井戸を置き，その周りを木で囲む。「それでね，こっちには別のお家もあるの。子どもの世話が大変になると，こっちに来て休むのね」。〈子どもを育てることや，家族と

過ごすのは大変。休憩してエネルギーチャージ！が必要なんだね。みんなと過ごすお家と休むお家と，お家が２つあるんだね〉。「そう。いろいろなんだよ」と，小さな家の周りに，女の子の人形と，少し大きめのくまの人形，リス，ウサギなどを置く。

　２月の終わりになっても，ユメナにどのように母の妊娠とナオ姉さんの異動を伝えるか依然として話がまとまっていなかった。そのようななか，急遽，GHに在園している子どもの１人が里親に措置変更になることが決まる。［ユメナをGHに異寮させられないだろうか］。さくらホームのRWらが提案し，管理職とホーム長，FMSと施設心理士らで構成されるリーダー会議にかけられた。議論のなかで，本園から車で10分かかるGHではユメナのセラピー継続は難しく，いろいろな問題を抱えているユメナは本園でみていった方がいいのではないか，という意見も出された。Thは，危機から一転，ユメナが信頼するナオ姉さんと同じホームに移れる可能性が出てきたことに，ユメナの成長を後押しするコンステレーションともいうべきみえない強い力を感じていた。プレイの内容からも担当RWとの関係の重要性が感じ取れることと，課題はあるものの治療はずいぶんと進展してきており，現在のユメナにとっては安心できる大人との現実の関係における安定が何より治療的であるため，３月でプレイセラピーの終結は可能であると思う，と話した。児童相談所は，家族はユメナなしの状況で安定してしまっており，引き取りはユメナ自身が成長し，きょうだいの世話を含め無理なく対応できる年齢にならなければ現実的には難しく，時間がかかるのではないか，という見方をしていることも，FSWから伝えられた。こうしたことから，ユメナをGHに異寮させることが承認された。

　この決定を受けて，ユメナにナオ姉さんとさくらホームのホーム

長であるヨシコ姉さんから，お母さんが妊娠したこと，入院したり忙しくなるので家庭引き取りはもう一度時期を考え直すようになること，そしてナオ姉さんと一緒にGHに異寮になることが伝えられた。ユメナは黙って話を聞いていたが，ナオ姉さんと一緒ということを聞き，表情を緩め，「へー，お母さん，赤ちゃん産むんだ」といった。

　#64で，ThからGHへの異寮のことを話す。〈4月からGHで生活することになると聞いた。どう？〉。「うーん，いいよ。普通の家みたいなお家になるんだって。ナオ姉さんも一緒なんだよ」。そういったあとで，「……こっちも良かったけど」と早口でいう。〈そうだね。GHになると，心理の時間も終わりになるね。Thは，遊びのなかでユメナちゃんの家族との間でのつらいことや悲しいこと，それからさくらでの生活で良かったこととか，たくさん話をしたと思ってる。いまも平気にはなっていないだろうけど，怒らなくなったし，小さい子にもやさしくなって，ずいぶんと成長した。ナオ姉さんもいるし，心理の時間は3月でいちど終わりにしても大丈夫かなと思っているけど，どう？〉。メルちゃんをいじりながら，黙ってうなずく。〈お話ししたくなったら，またいつでも会える。Thはここにいるから〉。「うん」。その後は，ハウスに入り，ぬいぐるみを使って家族団らんの遊び。家を2つつくり，行ったり来たりする。突然，「ウチ，またお姉さんになるんだ！」。「だからしばらく帰れない」。〈そうか，ユメナちゃん，お姉さんになるんだね。だからお家に帰るのは少し先になるんだね。うれしい気持ちもそうじゃない気持ちも，いろいろあるかな〉。「でも，いいよ。さくら，じゃなくってケヤキ（新しいGHの名前）になるけど，きらいじゃないから」。終了時間に合わせて片づけて終わる。#65，66では，これ

まで行った，ぬいぐるみをたくさん使ってのままごとや，メルちゃん，ナナちゃんを使っての人形ごっこ，箱庭を使ってのプレイなどをする。プレイルームのおもちゃをぐるっとみて回る。本園での最後のプレイセラピーとなる#67では，ソフトテニスをやる。始めたころとはうって変わって，ラリーが続く。〈ユメナちゃん，うまくなった！〉。Thが思わずいうと，「だってもう，4年生になるから！」。息を切らして，2人で笑う。その後はドールハウスでメルちゃん，ナナちゃんを使ってままごと。みんなでご飯を食べる。ユメナもThの方に身を寄せてきて，ご飯を食べるまねをする。本当に一緒に食べているような，しみじみとした気持ちが湧いてくる。終わりの時間が近づき，終了を告げるが「もうちょっと」。〈あれ？片づけを嫌がるユメナちゃんがまた？〉。えへへ，と笑いながら，片づけ始める。片づけが終わると，ダッとプレイルームからかけて出ていく。Thも追いかけ，建物を出たところで茂みに隠れているユメナをみつける。〈みつけた！〉。「あははは」。本当に楽しそうに笑う。「いつもウチみつかっちゃう。Thはどうしてそんなにすぐみつけるの？」。〈ユメナちゃんのことは，みつけよう！と念力出すから。頑張ってみつけるよ〉。「念力なんて，ないし！」。笑いながら，本園への小道を手をつないで帰る。その後4月にユメナは予定どおりGHに異動となる。#68はGH異動後2か月が過ぎた6月に行う。ナオ姉さんと一緒に面接室でお茶を飲みながら，新しいGHの様子について一緒に話をする。高校生のお姉さんに「ユメ」と呼ばれてかわいがられていること，1年生と年少さんの面倒をよくみていること，4年生になって地域のサッカーチームに入り，学校にも毎日行っていることなどが，元気に語られた。帰り際，面接室の隣にあるプレイルームをちょっとのぞきたい，とユメナがいい，

プレイルームをみてから帰る。

（4） 考　察
▼**事例の経過について**

　ユメナの母親も自身がネグレクト環境で育ち，不安定なパートナー関係のなかでユメナを出産した。生まれてすぐ乳児院に預けられたユメナと母親との間には安定した愛着関係は築かれず，母親の養育過程における外傷体験，出産時の不安定さも重なり，困難の多い母子関係が予想された。そのうえに，継父と築いた新しい家庭では，家族のダイナミクスのなかで，「叱られる（虐待される）」ことで家族を結びつけるスケープゴートとしての役割をユメナが担うことになった。ユメナが虐待されることにより，母は親としての自信や夫とのつながりを実感し，継父を含め家族としてのまとまりが維持されていたといえよう。そのようななかで継父と母にとってまぎれもない実子である弟が生まれ，ユメナはいっそう家族の「はみ出しもの」になっていく。愛情に満たされていないユメナが弟の誕生を機に退行する様子をみせたり，両親からの不適切な養育の影響から，学校でさまざまな問題を起こしたり母親に反抗的になったりしたのも，無理のないことだったといえよう。しかしながら，このような親の養育態度の影響としての不適応行動も，すべてユメナ1人のせいにされてしまい，「ユメナが悪い子だから」，「施設に入所する」ことになってしまった。このような両親の認知はユメナが入所したあとも変わらず，親子分離してもなお心理的虐待が継続しているともいえる状況だった。

　実際の児童養護施設における事例のなかにも，自らの虐待的行為についての内省が進まず虐待理由を子どもの行動や性格のせいであ

るとみなし，子どもへの批判を続けたり，面会や帰省を一方的に中止し子どもの思いを傷つけたり，交流や引き取り，支援を拒み続け，施設入所により実際の親子のかかわりを制限しても入所後も虐待関係が継続していると思えるような事例がしばしばみられる。虐待環境から子どもを物理的に保護すれば子どもが虐待から守れるとはいい切れず，ソーシャルワーク的アプローチと心理的アプローチの両側面から，断ち切れない親子の心理的関係を修復していく視点を持ち続けることが求められる。

　ユメナが入所している間に母親は第3子を妊娠し，ユメナがいない状況で家族が安定し，まとまりを固めつつあった。児童相談所の働きが期待されあるところであるが，このような状況のなかで再び家族のなかにユメナの居場所をつくるのは，かなり困難な作業であるといえよう。

　こうした家族状況と養育関係のなかで，ユメナは施設への入所を「自分は悪い子」で「いらない子ども」だからだと，否定的にとらえていた。そうしたユメナに対して，施設ではRWとThが連携し，ユメナが養育体験による心的外傷から回復し，大人と自分自身への信頼が築けるよう，生活・治療・教育の各場面で配慮を行っていった。RWは，適切な行動調整を加えながら，ユメナの正直な気持ちを表面的な行動の善し悪しに左右されず，そのまま受けとめるように努め，自分自身を肯定的に感じられるように配慮した。良くない行動は注意をしつつも，良い行動は見逃さず，十分に評価した。また，他者との関係や生活全体がユメナの育ちを支えるものになるよう，学校や関係機関に働きかけた。他児に対して攻撃的になったり，RWに対しても反抗的な態度をとるユメナを受けとめ続けることは大変な負担であり，担当職員をはじめとするRWらの

根気強いかかわりがユメナの心的外傷からの回復と成長に最も大きな役割を果たしたといえよう。

セラピーでは，ユメナの成育歴と被虐待体験に由来するさまざまなテーマが展開された。終了時間やあと片づけをめぐるリミットテスティングや，セラピストに命令し思うように動かそうとするなど，基本的な2者関係や力による支配-被支配に由来するテーマが出現した。セラピーの進展につれて，過去の虐待体験の再現ともいえるポストトラウマティックプレイが現れ，実際の施設のなかでの良質の養育体験とプレイセラピーの進展にともない，子どもの心身のケアや退行的な養育のプレイが出現した。後半では，ぬいぐるみや箱庭を使って，居心地の良い集団での生活やユメナの願望やあきらめなどを含んだ，象徴的な遊びが展開された。ユメナが展開するプレイは，実際の生活のなかで体験している良質の養育体験をそのエネルギーとし，回復へとつながるファンタジーを豊かに展開させているように感じられた。

養育体験に由来する外傷体験からの回復や育ちをめざす場合，現実の世界での養育体験は，その大きな支えとなる。虐待を受けた子どもへの心理支援を行う場合，面接やプレイルームのなかでの治療体験だけでなく，RWなどによる実際の養育体験が豊かで良質なものとなるよう，施設心理士はその養育的環境づくりやRWとの養育関係にも配慮することが求められる。

Thに対しても，面接修了時のかくれんぼや送迎，後期のプレイのなかで現れた甘えた様子などをみせた。Thには，原始的な養育者のイメージが付与され，甘えを示し受けとめてくれる対象として養育的な機能も果たしていたと思われる。

▼施設臨床において特徴的に起きる事態への対処について

　児童養護施設における心理療法では，その性質上・構造上の影響から，さまざまな特徴的な事態が生じる。基本的な養育体験や大人との濃密なかかわりが不十分である子どもの心理的な特徴から，筆者は終了しぶりや片づけの拒否，反抗的な態度などの，治療構造への抵抗やリミットテスティングがよく起きることを経験してきた。本事例においては，あと片づけの拒否とそれをめぐる抵抗が現れた。それに対してセラピストは，治療時間外の治療構造といえる面接時間のスケジュールの拡大を図り，送り迎えをはじめとする生活場面でのケアを手厚くするなどの配慮を依頼・工夫し，外的な環境を変更しつつ保護を手厚くすることで対応した。このことはセラピストに心理的ゆとりをもたらすとともに，子どもには心理的な守りを与えることとなったと考える。治療構造は本来セラピストとクライエントを守るために存在し，安易な構造の変更は禁忌であり，変更する場合は子どもと治療への影響に関する慎重な吟味が求められる。今後，治療構造の本来の役割や意味をふまえつつ，子どもの養育を行う施設という場の特性をふまえ，個々の子どもに応じた柔軟な取り組みを行うことをとおして，施設における治療構造について正負両面から検討していくことが必要であろう。また実際には，施設心理士は1人で多くのケースを担当せねばならず，このようなゆとりを持った面接時間を設定することは難しいのが現状だろう。このことも，施設における心理療法を難しくしている一因であるといえよう。

　このほかにも施設における心理療法では，セラピストに対して宿題をみてほしい，食事を一緒にしてほしいなどの面接室以外でのかかわりが求められたり，面接時間内にトイレに行く，お尻を拭く，

身支度を調(ととの)えるなどの身体的ケアをセラピストに求めることが比較的起きやすい。また，セラピストが担当している他児のことを気にしたり，面接室と日常生活を送る場との距離が物理的に近いことから面接直前に起きた出来事にまつわる感情が面接室に持ち込まれたりするなどの，施設特有の事態が生じる。本事例においても，面接後に居室までセラピストが送って行ったり，面接室外で手をつないだりおぶったりするなどの身体的接触を持っている。また面接直前の出来事に左右され，それをきっかけに子どもにとって核心の1つとなっている葛藤が語られることが起きている。セラピスト側にも，クライエントである子どもと日常場面でのかかわりを持つことが避けがたく生じ，現実の生活で起きている良い事柄も悪い事柄も詳細に知ることが可能であるため，面接室のなかでの関係にとどまることをめぐり葛藤が生じやすい。村瀬[3]は，ことばや象徴的な技法を駆使できず，体験に根ざした知恵や判断力が育っていない子どもたちに対して，退行と成長促進の両方の要素がある活動をともに行うことの重要性に触れており，増沢[4]や滝川[5]は，Th が生活の場に入ることについて，情緒障害児短期治療施設での経験をもとにして論じている。象徴的な世界での体験が豊かに展開されるためには現実の体験が必要であり，筆者はセラピストとの面接場面における養育的かかわりが RW による良質の養育体験と相まって，治療関係の安定と治療の進展に貢献することを経験してきている。また，子どもの日常生活での様子やそこからすくい取ることができる子どもの抱える課題が，面接室での子どもの様子や治療場面で展開される内容を理解し，セラピストが意味あるかかわりを行うことに役立つ場合があることも経験した。セラピストがクライエントである子どもとの日常的なかかわりやそこでの出来事，そして養育的かかわりをどの

ように治療的に活かしていくかについて、児童養護施設における報告は少ない。児童養護施設における心理療法の事例は、本人が未成年であることや親権の複雑さなどから事例公表の許可が得にくく、そのため実践の検証を積み重ねていくことが難しい状況がある。こうした限界を抱えながらも、生活と治療とのつながりをはじめとした施設臨床に起き得る特徴的な事態について、その内容の検討を地道に重ねつつ、そこから得られる臨床的知見を蓄積していくことが必要であろう。

▼虐待を受けた子どもとの心理療法においてよく起きること

力による養育や自己の存在を否定されるような養育を受けてきている子どもは、セラピストとの2者関係のなかで否定的な養育関係の再現を図る傾向がある。セラピストを家来のように使ったり、命令する、遊びへの参加を禁じる、行動に制限を加えたりするなどのことを経験する施設心理士は多いだろう。とくに治療初期に生じる、こうしたセラピスト―子ども間の治療関係は、その由来や意味が理解できていてもセラピストにとっては苦しい場面である。セラピーのなかで起きるセラピストへの激しい攻撃や排除、支配的な行為を経験し、セラピストのなかに怒りが沸いたり、惨めさや無力感などから治療を投げ出したくなる瞬間もあるだろう。

このようなセラピスト側の感情との闘いと、セラピスト―クライエント間の関係性の変化にいかに対応していくかは、虐待を受けた子どもとの心理療法において取り立てて肝要であり、この過程をいかに乗り越えていくかは、その後の治療の進展を大きく左右する大事な場面であるといえよう。

本事例においても、第1期にセラピストに命令し行動を制限する

ような行為がみられており，セラピストはその対応に苦慮している。この事例ではセラピストは，物理的構造の変化により心理的なゆとりを生みだし，治療後におぶって帰るなどのかかわりのなかで体験した治療場面外での健やかな関係性によって，その難局を切り抜けている。こうした工夫や幸運に助けられつつ，つづく第2期に表現されたユメナの深く傷ついた心を感じ取ることで，セラピスト─クライエント間の治療関係は修復され，安定していった。こうした場面をセラピストも子どもも生き抜くためには，必然として起きるともいえる意味のある偶然を大切にするとともに，セラピスト自身が環境から支えられることが大きな力になる。職場における同僚心理士やRW，プライベートでの家族や友人，職場外の心理職ネットワーク，そしてスーパービジョン関係など，治療関係の枠組みを超えたサポートをセラピスト自身が大切にし，その関係から得られる力を治療に還元していくことが役立つ。

　また，虐待を受けた子どもの治療や支援をめぐっては，しばしば援助者集団の仲違いや混乱が生じることもある。良い対象と悪い対象を統合できずに，治療者に良い対象を投影しRWに悪い対象を投影するなどの現象が起き，その結果治療者が生活場面でのケアの不十分さや子どもへの理解のなさを批判したり，RWが治療者に対して「厳しいことはいわないでいい顔だけする」，「甘やかしている」などの不満を抱くことがある。これは役割が逆になることもあり，また治療者とRW間だけでなくRW集団のなかでも起きがちである。本事例でも，厳しく対応する（させられる）ヨシコ姉さんとユメナを受けとめる（ことを強いられる）ナオ姉さんとの間で，葛藤関係が生じている。このように子どもの投影によって付与された役回りを引き受けながらも援助者間の関係が壊れないことが，人

と環境への信頼を取り戻すことを主要な課題として抱える虐待を受けた子どもへの支援においては重要である。施設心理士は，このような虐待を受けた子どもの心的世界が引き起こす現象に気を配り，コンサルテーションを通して職員関係への介入を図るなどの対応をするとともに，自身の感情や振る舞いへの気づきに敏感ありたい。

▼ RWとの連携について

　本事例では，RWとともに，子どものアセスメントや見立ての共有を図っていった。日常場面でみられたユメナの様子や課題とプレイセラピーの内容を照らしあわせ，ユメナについての理解を深めるとともに，生活のなかでの具体的かかわりに反映させるように心がけた。このように治療と生活支援が連動することにより，子どもの新たな側面への気づきが促され，子どもの回復と成長がよりいっそう促されることが期待できる。従来のインスティテュートモデルによる心理療法の治療構造にはおさまりきらず，それゆえの困難と検討課題もあるが，こうした治療と生活が連動した支援が行われることは，施設内に心理士が配置される大きな利点であるといえよう。

　また，日常的な場面でRWとの間で交わされる子どもの語りが施設心理士に報告され，そのことの意味や対応をRWとともに検討する場面もあった。施設で暮らす子どもとのかかわりにおいては，意味ある事実や子どもの生にかかわる思いなどの本質的な事象が，日常の生活支援のふとしたかかわりにおいてRWに向かって語られることが起きる。RWは予期せぬ事に動揺したり，その場の応答が適切だったのかについて思い悩んだりするものも多い。そうしたRWの迷いを受けとめ，その意味をともに考えていくことも，施設心理士の大切な役割であろう。

担当職員とのコンサルテーションの場面では，クライエントに対する家族の態度に傷つき，また十分なことができなかった自分を責める気持ちが語られた。施設心理士はその思いを丁寧に聞き取り，まずは職員自身の傷つきを受けとめていった。コンサルテーションにおけるコンサルタント―コンサルティ関係は，情緒的な問題には触れず，職務遂行必要な問題解決を重視するビジネステイクな関係を基本とすると考えらえてきた。しかしながら，児童養護施設でのRW―子ども関係はいわば代替的養育関係であり，子どもとの情緒的距離が近く，それにともなう感情の消耗も大きいと考えられる。そもそも子育てにおいては間主観的なかかわりが求められ，養育者との情緒的一体感や交流をとおして子どもは育っていく。子どもとの関係や体験などを客観視するという職務遂行上必要な作業は，子どもの養育という営みに求められる情緒的態度との距離の隔たりが大きく，客観性の回復をはかることが難しいといえよう。子どもへの適切な支援を検討するというプロセスに向かうためには，まずは職員自身の子どもと職務にかかわる傷つきを受けとめる必要があった。こうしたコンサルテーション関係は，子どもの養育にあたるコンサルティを対象とした場合の特徴であるといえるのではないだろうか。

　職員集団を対象としたコンサルテーションでは，クライエントにとってのキーパーソンである担当職員の思いをはじめ，各職員が困難に感じている点を共有するよう努めた。そして，子どもへの対応場面で困っているときに，チームの他の職員がどのように動くことがその職員にとってサポーティブであるかについて具体的に検討した。これにより，同じチームで働く職員間の関係を良好にし，職員の心理的負担が減少するとともにより機能的な子どもへの支援が行

われる援助集団となることを期待した。チームとして子どもに相対しているという意識は，日々の仕事に余裕をもたらし，RWをエンパワーメントすることにも役立つ。施設におけるコンサルテーションでは，こうした援助集団の関係を良好にし，強化するという視点を念頭においたコンサルテーションを行うことが肝要であるといえよう。

　施設心理士にとって，RWと連携し，そのチームの一員として施設全体の養育環境の質を高め，環境全体が心理支援的になるよう働きかけることが重要である。自らの専門である臨床心理に関する知見を高めるよう研鑽しつつ，RWの行う生活支援の役割と重要性を十分に理解しその業務に敬意を抱いていることが必要であり，こうした態度が専門職としての施設心理士に対する信頼につながっていくと考える。

2　施設における家族支援の事例

(1)　かみあわないこころ

　子どもたち10数人がやってくるオープンルーム（自由来室形式の集団遊戯療法）で，帰りたくないとぬいぐるみのうしろに隠れる5歳の子をみつけて部屋から出し，こちらをチラチラみながらおもちゃを持って帰ろうとする4年生を追いかけながら玄関先にやってくると，ひどくこわばった顔をした年若い女性が半分あいたドアの向こうに立っているのに出くわした。小1のリョウタのお母さんだ。おもちゃの行方を目で追いながら，「いかがされました？」と声をかけると，そのうしろからさらに暗い顔をしたリョウタが顔を出した。初めての外出から帰ってきたところである。Ｚ学園には家族を

主に担当する心理士がいる。あらかじめ涼しく冷やしておいた応接室に母子を招き入れた。「冷たいお茶と温かいお茶と，どちらがいいですか？」と声をかけると，お母さんは「いりません！」と怒鳴り声を上げた。大声にたじろぎそうになりながらも，「そうですか，でも暑いですからねえ」と麦茶の準備をしに職員室に戻り，ファミリーソーシャルワーカー（FSW），リョウタの担当レジデンシャルソーシャルワーカー（RW）と担当心理士に連絡を取る。お風呂の時間と重なって担当 RW は手が離せないということで，FSW と担当心理士に一言二言，母子の険悪な様子を伝え，お盆に乗せた氷入りの麦茶のグラスを持って3人で応接室に入った。

（2） リョウタが施設にやってくるまで

　リョウタは養母からの身体的虐待を受けて3か月前に入所してきた。児童相談所からの情報によると，30代初めの実父は身体的な持病を抱えていて，リョウタが入所する少し前から入退院を繰り返しているとのことだった。養母が離婚経験のある子連れの実父と結婚したのは，アルバイト先の店に客としてやってきた実父と出会い，「やさしさ」を感じたからだった。当時リョウタは4歳，養母は初婚だった。父方の祖母が近くに住んでいるが，仕事をばりばりとこなしパワフルな祖母に養母は黙ってしまうことが多かった。養母の母親はスーパーでパートをしており，父親は養母10歳時に転落事故にて死去と記載されていた。養母の結婚後は遠方に住んでいることもあり，用があれば連絡はする程度の関係とのことだった。高卒後，一生懸命働いていたようだったがアルバイトの時給は1,000円にも満たず，慣れない家事と不規則な勤務体系の両立につらい思いをしていたようだとのことだった。

リョウタが小学校に入学してまもなく、養母は学校の先生に呼び出されたらしい。リョウタがクラスメイトとちっともうまく遊べないこと、先生の指示が聞けないこと、ひらがなも満足に書けず、このままでは勉強にもついて行けないだろうと注意された。実父は入院中だった。養母は何とかリョウタにひらがなを教えようと仕事の合間をぬって時間をつくり、五十音の表を壁に貼ったり、ドリルを買ってきたりしたそうだ。1行覚えられるとお菓子を買ってやりもした。前の日に覚えた"あ"の字を翌日には忘れてしまうリョウタに養母のイライラは募った。父方祖母には知られたくなかった。結婚も反対され、会えば小言(こごと)が多い父方祖母にこれ以上責められたくはなかった。それまでは一緒にテレビゲームをして遊んでいた時間を我慢して勉強に使い、満足に字を書けないリョウタの手を鉛筆で刺し、五十音表をみない目をこじ開けて引っ張り、1日も記憶がもたない頭をはたいた。覚えられるまで数時間、正座をさせて教えたこともある。困り果てた養母は学級担任に2回相談に出向いている。ひょっとしたら何かの障害かもしれないから病院に相談するのも手だといわれた養母はそれ以降、担任には連絡しなくなってしまった。やがてリョウタは学校でパニックを起こすようになり、家に帰りたくないというようになり、顔や手のあざが発見されて、児童相談所に一時保護された。リョウタは、「お母(かあ)ちゃんがたたくから家には帰りたくない」といった。仕事で忙しい父方祖母も入院している実父も子どもを育てられず、リョウタは児童養護施設Z学園で暮らすことになったという経緯である。自分の行為が児童虐待に当たると告げられた養母は、「私はこの子が学校で困らないようにしたかっただけです」と控えめながら強い口調でいった。養母は何度も何度も児童相談所を訪問し、児童相談所の対応に苦情をいった。リョ

ウタが入所するときには父方祖母が付き添ってきた。養母も付き添いたいといったそうだが、リョウタがおびえをみせたため児童相談所の判断で遠慮してもらったそうだ。

　リョウタはおとなしい子だった。ミニカーを与えておけば、1日中遊んでいられる子どもだった。施設入所後も、とくに職員を困らせることもなかったが、他の子どもと一緒に遊ぶ姿もあまりみられなかった。時間はかかるが身の回りのことはきちんとできた。

（3）　家族との交流の始まり

　入所して3か月後、児童相談所の判断でリョウタと家族の交流を始めようということになった。リョウタが保護されてから、しばらくの間は家族からの連絡は絶えていたが、一時的に退院してきた実父が連絡をしてきたのだ。実父はリョウタに会いたいといい、リョウタもお父ちゃんには会いたいといった。面会の日にちが設定されたが前日から実父の病気が悪化し、再び入院。面会はキャンセルされた。キャンセルの連絡をくれたのは養母だった。用件のみが告げられ、電話はがちゃりと切られた。どうしたものかと思案していると再び電話がかかってきた。今度は父方祖母からだった。FSWが応対した。

　「息子が行けないんで、代わりに私が会いに行こうと思います」という。

　「そうですか。ありがとうございます。面会については児童相談所が決めることになっているのですが、担当の児童福祉司さんにご相談されましたか？」、「いえ、まだ」。こちらで協議することを伝えて、折り返し連絡を待ってもらうことにした。

（4）アセスメントを立てる

　施設長とFSW，そばにいた家族担当の心理士，リョウタの担当心理士で話し合いが始まった。Z学園では子どもの入所が決まると，事前に児童相談所で集められた情報をもとに，家族の構成メンバーそれぞれと家族関係のアセスメントを行う。入所にいたったメカニズムの仮説をつくり，支援の方向性を考える時間をもつ。管理職やFSW，家族担当心理士，子ども担当心理士，その子の担当RWが集まることが多い。アセスメント会議というほど仰々(ぎょうぎょう)しいものではなく，手の空いている者たちが事務所に集まってきて，あれやこれやと話をする。その際に，FSWか家族担当心理士がジェノグラムと家族の年表を準備しておく。リョウタのケースについても入所の前に，養母はいったいどんな人なのだろうか，また今後知りたい事柄は何なのだろうかと考えられていた。かなり行き過ぎた行為はしているものの，学校にいわれたとおりに何とか子どもをしつけようとしているという意図は了解できる。飲食屋店員のアルバイトが高卒後から24歳のいままでずっと継続しているので，比較的社会性はあるようだ。実父と結婚するときに「やさしそうだった」という理由が挙げられていることから，何かことさら「やさしさ」を求める背景を持っているのだろうか。結婚後，母方祖母とは距離ができているとのことだったが，結婚に反対されたのだろうか。それとも家を飛び出すように結婚したのだろうか。そうだとすれば，養母の原家族には世代間の葛藤があるのかもしれない。そういえば，養母の父親（母方祖父）の転落事故死は具体的に何が起こったのだろうか。当時10歳だった養母にとってはどんな体験だっただろうか。また，学級担任に2回相談に出向いていることから，助けを求められる力もないわけではないだろう。援助関係がつくれる可能性はあ

るかもしれない。ただし「障害」という言葉には抵抗があるようだ。

　ともかく「期待に応えようと1人で一生懸命がんばる人」ではあるらしい。ただし，自分の思いが通じないと行動は高じていき，見境がなくなるのだろう。児童相談所への過剰な苦情をみると，感情のコントロールに課題があるようだ。一生懸命人とかかわる人だから，入所時にも付き添いを申し出たように，リョウタが施設に入っても交流は続けようとするかもしれない。また，整体師である実父は職場の理解を得て休みながらも就労を継続していた。小さいながらも3間のアパートに住んでおり，一定の生活水準は保たれているようだった。おっとりとしていて気は良いが少々頼りない人物との印象である。

　父方祖母は介護職についており，バリバリと仕事をしている女性である。子どもが2人おり，1人は父親，もう1人姉がいる。姉は36歳で独身，祖父母と同居しているが，仕事であちこちを飛び回っており，ほとんど家にいない。祖父（62歳）はおとなしい人で，もと清掃業をしており，退職後の現在は家にいる。

　養母がリョウタの虐待に至った経緯のなかには，「小言の多い父方祖母にこれ以上責められたくなかった」という記載があった。リョウタ入所のときも付き添ってきたのは祖母である。どうやら，息子である実父が結婚して独立しても，大きな影響力を持っているらしい。仕事を継続し，社会経済的にはきちんと生活できている人だから，大きなサポート資源になるかもしれない。まずは実父と養母の夫婦がきちんとまとまりを持って生活できるように支援し，祖父母世代は下の世代（息子夫婦）を見守ってもらえるかどうかみてみたいところである。課題の1つはパワフルな祖父母世代から親世代が独立することであるだろう。したがって支援の対象は，まずは両

親。もし難しそうならば祖父母世代にもサポートをお願いするのが良い——ひとまずはこのようなアセスメントがなされていた。もちろん，援助の過程でこの仮説はどんどん変更されていくのが普通である。

さて施設としては，リョウタが実父を慕(した)い，養母に怯(おび)えているようにみえるため，実父とリョウタの関係を継続したいと考えていた。しかし，実父の体調が整っていない。祖母の申し出を受けて交流の機会をつくるというのはリョウタにとっては悪くはないが，果たして養母はそれを承知しているのだろうか。承知して祖母に依頼している場合はかまわないが，そうではない場合，ここでリョウタと祖母との交流を進めることによって，それまでの養母なりのがんばりが報(むく)われなくなってしまう——その場の話し合いでは祖母との交流はひとまず慎重に考えてみようということになった。

リョウタの担当RWからは，生活の状態は落ち着いているので，家族との交流は問題ないとの意見が出された。リョウタの担当心理士からは，プレイセラピーの内容からうかがえることは，父親のイメージがはっきりしないこと，母親イメージは非常にきびしい存在であること，1人遊びが多く学習にも遅れがみられるのは，発達障害というよりは，心理検査の結果からみてもプレイセラピーの様子から感じられることも，早初期にきちんと世話を受けてこなかったことによる可能性があることが意見として出された。

施設としては，施設での交流を始める前に，まずは児童相談所で養母と父方祖父母と面談をして，今後の希望やこれまでの経緯の詳細を聞き取りたい，との希望を児童相談所に伝えることにした。養母が頑張って子育てしようとした意図はねぎらうこととともに，養育行動が改善する可能性がどのくらいあるのか，そのためにはどの

ようなサポートが提供できるか，その方向性を見とおすことが目的である。祖父母には，働きながら子ども世代を支え続けてきた苦労を承認し，これからは後方支援をお願いできるかどうか，みてみたいと考えた。

(5) 子どもに伝える

リョウタの方はそれなりに実父との再会をたのしみにしていたようだった。Z学園では，子ども自身に関することはできる限り本当のことを伝えようという姿勢がある。たとえ伝えにくい内容でも，それが子ども自身の生活や人生にかかわることである限り，丁寧に配慮をもって伝えた方が良いことが長い目でみると多いように思われる。親が行方不明になったり逮捕されたりして面会がとぎれることがあるが，会いに来てくれなくなった理由はできる限り事実を伝えたい。もちろん，担当のRWが一緒に聞き，一緒になって怒ったり悲しんだりすることが支えになる。リョウタの場合も担当職員の意見を聞き，実父の面会キャンセルについて，施設長から事実を丁寧に伝えることになった。リョウタは「わかった」と視線を落とした。

(6) 児童相談所との協働

リョウタ担当の児童福祉司に連絡を取ることになり，FSWが事の次第を伝えた。多数のケースを抱えて非常に忙しい児童福祉司だったが，それまでにもいくつかのケースを一緒に担当してきたので気心は知れていた。40代の男性で，あまり多くを語らないが人あたりが良くてフットワークが軽く，各意見を上手に調整してくれる名ファシリテーターといった印象のワーカーだ。施設での協議内容

を伝えたうえで，いくつかのやりとりがあり，児童相談所での面会を祖父母と養母に呼びかけ，日程が設定された。

（7） 家族との面接――関係をつくる

　当日，児童福祉司とFSW，家族担当心理士の3人で待つことにした。やってきたのは父方祖母と養母の2人だった。祖父は体調不良で伏せっているとのことだった。祖母はよく話した。息子である実父は腎臓に持病があること，小さいころからおとなしくて病気がちだったこと，整体の専門学校を出たものの，病気のために休みがちで，金銭的援助をすることもあること，最初の結婚は6歳年下の女性が相手だったが，相手の女性が別の男性をつくって逃げてしまったこと。それから，自分の生い立ちについても話した。自分は5人きょうだいで教師と看護師の両親のもときびしく育てられたこと，もともとは保険外交の仕事をしていたが途中で介護の職に移ったこと，仕事にはやりがいを感じていることなどをたくさん話した。隣で養母は聞いているのかいないのか，無表情にしていた。「結婚には反対だったんですよ。息子にはもっと年上の女性の方が良いと思いまして。この人は頼りなさそうですし」と祖母がいったときには，キッとした目つきをした。うちに秘めた強い力がうかがい知れた。

　「おばあさん，いろいろお聞かせいただいて，ありがとうございました。参考になりました。次はお母さんにお話をうかがおうと思います」と祖母に少し待ってもらって，養母に話を聞くことにした。面接の相手が複数いる場合は，だいたい同じ分量くらい話す時間があるように心がけることがある。とくにあまり話さない人には，こちらからきっかけをつくって話す時間をつくることにする。「お母さん，今日は来ていただいて，ありがとうございます。こちらには

足が向きにくかったでしょう」と声をかけると,「来たくなかったです」と小さい声ながらもきっぱりとした返事が返ってきた。「そんなお気持ちなのにありがとうございました」と声をかけると,「そうでないと,リョウタは帰ってこないのでしょう!」と大声をあげた。「リョウタ君と早く一緒に住みたいと思ってらっしゃるんですね」というと,「家族ですから」とまたきっぱりといい,リョウタをしつけるために自分がどれだけ一生懸命やってきたかをぽつぽつと語り始めた。ひらがなを覚えさせるのにどれだけ苦労したか。夫は病気がちでちっとも頼れない,不甲斐ない人だった。看病もあるし仕事もあるのに,リョウタはちっともひらがなを覚えなかった。本当の母親じゃないから私がいっても一生懸命勉強しようとしないんだと思った。リョウタの出来が悪いといって周りから責められるのがイヤだった。でもリョウタが憎くてやったわけじゃない。「それを虐待だというのならば,親はどうやって子育てすればいいんですか!」。養母の声はだんだん大きくなり最後は叫ぶようにいった。

　児童福祉司が,「これだけの思いで子育てしてらっしゃるのを,おばあさんはご存知でしたか」と尋ねた。祖母は,リョウタの実母は子育てに興味がないようで,ほとんどほったらかしで夜遊びしていたこと,自分が仕事帰りにみにゆくと,リョウタのおむつはずっしりと重く,あせもがひどかったことを語り,「それに比べればよくやっていると思いますけどね,でも……まだ足りない,子育ての仕方がわかってないんじゃないか」という。自分たちの時代は夫が子育てを手伝わないのは当たり前で……と再び養母の批判になりそうだったので,祖母の言葉を「ちょっと待って下さいね」と止めた。

　「おばあさんも病気がちな息子さんがきちんと父親業をできるのか,ご心配だったでしょう」,「それはもう,まだあの子が子どもみ

たいなものですから。病気がちですし，まあ，そんな風にあの子を産んでしまった私にも原因があるんですけど」、「そんな風にだれかにいわれたことがあるのですか？」、「いえ，自分で思っているだけで。夫は何もいいませんし」。

「そうですか，病気がちのお子さんを抱えて今までご苦労されてきましたね」、「それはもう」と，実父が子ども時代にどれだけ病弱で，どれだけ育てるのが大変な子どもだったか，夫（母方祖父）はちっとも頼りにならず，自分と娘（父方伯母）でがんばって家を支えてきたのだ，という話をした。ひとしきり聞いていると，「まあ，でもあの子ももう34歳ですし，私も来年定年ですし，あとは自分たちでやってほしい。病気がちな夫を持った妻の気持ちがわからないでもない」という言葉が出てきた。児童福祉司が「おじいさんとおばあさんには息子さん夫婦にとって大事なお役目があります。息子夫婦がきちんと自分たち2人で子どもを育てられるようになるように，おじいさんとおばあさんには後方支援をお願いしたいのです。しばらくは見守っていてほしい」と伝えると，「わかりました。そちらにお任せします」と答えた。

「おばあさんがリョウタ君に会って下さるという申し出は助かりました。おばあさんがリョウタ君を不憫に思われる気持ちはよくわかります。それは少しお待ちいただいて，お父さんお母さんとリョウタ君とがスムーズに交流できるようになってから，思う存分会っていただくというのを考えているのですが，お母さんはどう思われますか」、「はい。でも，リョウタが会いたいといえば，会わせてもらっても結構です。おばあちゃんたちも会いたいかもしれませんし」、「リョウタ君のお気持ちを優先したいとのご希望ですね。お義母さんはお子さんのことを第1にお考えなんですね」と言葉をかけ

ると，初めて表情が和(やわ)らいだ。養母は，子どもにせよ親にせよ，相手の希望を叶えてあげたい，期待に添いたいと考えるタイプのようだった。

　「お母さんがこれまでどれだけ一生懸命リョウタ君のことを考えて行動されてきたのかはよく伝わりました。それなのにリョウタ君にその気持ちが伝わらずに，いまのような状態になっているのは残念です。先ほど，どうやって子育てすればよいのかわからないとおっしゃっていましたね。突然4歳の子どもの親になったのですから，戸惑ってもそれは当然ですよ。少し，こちらと話をしながら，どうやって子育てをするかを一緒に考えてみませんか」と誘った。「お父さんの調子の良いときにはお父さんもご一緒に」。「お願いします」という声は，多くの警戒心と少しの期待が混じっていたが，それでもこれで養母夫婦と一緒に作業ができる下地は何とかつくれそうだった。

　「リョウタと一緒に夫のお見舞いに行きたいのですが」，別れ際に養母がいった。

　施設に帰って，リョウタと話をする時間を持った。担当RWと担当心理士，それからFSWが同席をした。実父のお見舞いに行きたいかどうかを確認すると，「お父ちゃんに会いたい」といった。「お母さんは？」と尋ねると，「うーん」と黙ってしまった。「リョウタ君がイヤな気持ちがするのならば無理をすることはないよ」と言葉を重ねた。しばらくすると「たたかないならいい」と答えた。最初は面会から始めること，いつでも気が変わったら変更できることを伝えて，面会の手はずを整えた。プレイセラピーのなかで，リョウタは親グマの看病をする子グマを繰り返し演じた。病気がちな親のことを気にかけている子どもの気持ちがよく伝わってきた。

「病気,治りますか」と声をかけると,「なかなか治りません。とても重い病気なのです」と答えた。

初めての面会はスムーズだった。リョウタの担当職員と家族担当心理士が見守るなか,養母が持ってきたパズルを2人で一緒にやっていた。養母は子どもと遊ぶのは上手な様子だった。月に1回の面会が何度か重ねられ,面会の後に1時間ほど,家族担当心理士と養母の面接が行われた。養母はぽつりぽつりといろいろなことを話した。趣味はジグソーパズルで,1,000ピースの大作も何日かかけて1人で仕上げてしまうとのこと。店は飲食業で,割合働きやすいこと。長年勤務しているので正社員にならないかと誘われてもいるが,大変そうなので断っていること。また,養母の弟は中学校からひきこもりになっているらしい。父親(母方祖父)の転落事故については,「病気の薬を飲んでふらついて,マンションから落ちた」とのことだった。養母が10歳のときのことで,どうやらうつ病にかかっていたらしい。それ以上はくわしく語らなかった。

面会の様子を児童福祉司に伝えるためにFSWが連絡をとると,養母からはお見舞いに行きたいという要望が再度出されているとのことだった。実父の具合は安静が必要だが,命に別状はないとのことだった。リョウタは養母が帰るときに,さびしそうな表情をみせることもあった。2人で外出してよいだろうと判断された。

リョウタに水筒を入れたリュックサックを背負わせて,「行ってらっしゃい」と見送った。リョウタは心持ち緊張している様子だった。病院は電車で15分くらいのところにある。職員が付き添う手も考えたが,何かあれば駆けつければよいと考えて,連絡先を伝えて,とりあえずは送り出すことにした。

帰園予定時間にまだ1時間ほどあるころ,リョウタと養母は帰っ

て来た。ずいぶんと不機嫌な様子に,何があったのかなと想像しながら,FSWとリョウタの担当心理士,家族担当心理士で応接室に入った。

(8) 養母の想い

「まあ,お茶でも飲んで」と養母に勧めるが手を出さない。「いったいどうされました?」。

「この子はやっぱり,私よりも父親の方がいいんですよ。血がつながっていますからね,当然ですけど。だいたい……」と過去にひらがなが書けなかった顛末(てんまつ)を再び大変な勢いで話し出した。リョウタの顔はこわばっており,涙目になっている。養母が激高している以上,リョウタは居室に返した方がよいだろう。3人で顔を見合わせて,担当心理士がすぐに立ち上がり,リョウタを部屋に連れて帰った。子どもが親と安心して一緒にいられない場合は,子どもを安全な場所に移動させて守ることはやむを得なかった。

「夫は私が見舞いに行っているのに,『母さんはどうしてる? 母さんは何を言ってる?』ってお義母さんの話ばっかりするんです!リョウタだって,病院に向かう途中はブスッとしてて,父親に会ったらすっごくたのしげで。帰りたくないなんていうんです!」とリョウタの態度が実父の前ではずいぶんと違うこと,実父が祖母の話ばかりすることを訴えた。

30分ほどその話を聞いたあと,「それは,せっかくリョウタ君をお見舞いに連れて行ってあげたのに,報われない気持ちがしましたね」。「そうなんです! だいたい,自分は病気でほとんど子育てしてなくて,叱ったりしないから」。「不公平な気持ちがしますね」。「いっつも私は損をするんです」。

そのあと，3回の外出にわたって，同じようなことが起きた。どうやらリョウタが自分より父親になついているようにみえること，父親が自分よりも祖母のことを気にするようにみえること，つまり自分がないがしろにされ，認められていないように思うことが現在の養母のなかでのテーマとなっている様子だった。次の面接時にそのことについて話をしてみることにした。家族担当心理士とFSWが代わるがわる声をかけた。
　「不公平な気持ちがすると何度かおっしゃっていますね」。「いつもそうなんです。……弟ばっかり親にかわいがられるし，いまも引きこもっても生活できてるし。22歳にもなって働いてないんですよ。私は店で働いて，そのお金を家に送ってたのに，弟はおこづかいをもらって」と何かを連想したのか，自分の原家族の話となった。「お母さんは親には心配かけたくないと思っていらっしゃる」，「うちの母親，すっごく苦労してたから。早くに父が死んじゃって，それまでも苦労してたし」。母方祖父はうつ病を患っていたが，何かの拍子に猛烈に怒りだし，妻に対して暴力を振るうことがあったそうだ。普段はやさしくて子ども思いの父親だったが，ふいに豹変する表情が子ども心にこわかったと養母は語った。
　「それはこわかったでしょうね。小さかったお母さんは何もできなかったでしょうし」。「母だって反撃すればいいのに，耐えてるんです。病気のせいだからって。病気だからって何でも許される訳じゃないでしょう」。「そうですね。病気は大変だけれども，だからといって暴力は別ですね。暴力を振るうには理由があったのでしょうけれども」。「……私，母親ってわからないんです。耐えてるか，きびしい人っていうのしかなくて。祖母も早くに亡くなったらしいので，積年のものなんです」。母方曾祖母は若くして病死しているら

しかった。養母の家系ではどうも代々致し方ない事情があって,親らしさのイメージがきちんと伝わっていない様子だった。

「父親がいなかったから家計を支えるために働いてばっかりだったし。だから早く結婚したかった。夫はやさしい人だと思ったんです」。「暴力を振るわない人だと」。「はい」。

「先ほど,母親ってわからないっておっしゃいましたが,お母さんにとって,母親ってどんな人だって思い浮かぶのですか？」。「子どもがきちんと生きていけるようにしつける人です」。「ああ,お母さんはおばあさんからきちんとしつけられたんですね。だからそのことをリョウタ君にもきちんとしてあげたいと思ってらっしゃる」。

「……でも,リョウタに暴力を振るってしまいました。気がついたらリョウタが泣いてたり,倒れてたり,よく覚えてないのに手に血が出てたり」。「それはこわかったでしょうね。そんなこと,したくなかったのに」。養母は泣き出した。ティッシュの箱を差し出してしばらく眺めていると,照れくさそうに泣きやんだ。

(9) 子どもが問う

児童福祉司に連絡を取ると,ちょうど実父が退院をして,リョウタを引き取りたいと申し出てきたとのことだった。一度,実父に来てもらう必要があった。一度児童相談所で夫婦面談が行われた。実父の容態は安定しているようだった。施設からは,養母の過去の体験に手当をして,母親としての自信をもう少し確かなものにしたい気持ちがあること,夫婦関係のあり方,親子関係のあり方を確認したいと考えていることを伝えた。そのうえで,家庭復帰の可能性を視野に入れた支援の方向性が確認された。

次の面会に実父は養母と一緒にやってきた。顔色こそあまりよく

ないが，穏やかそうな30代半ばの男性である。夫婦はふとしたいたわりあいの気持ちが見え隠れし，仲はよさそうだ。養母は娘のように若やいだ様子をしていた。実父の体調をおもんばかって，施設内での面会となった。まずはFSW，家族担当心理士，リョウタの担当RWと担当心理士が同席しての合同面接となった。

　父親は近況を話し，養母は早く一緒にリョウタと暮らしたいといった。自分は家族のために一生懸命働いているのだから，リョウタも実父もいないといったい何のためにがんばっているのかわからなくなると訴えた。リョウタは黙って養母の口もとをみつめていた。「リョウタ君，いいたいことはある？」と担当心理士が尋ねた。リョウタはしばらく黙っていたが，首を横に振った。担当心理士は「お母さんに何か伝えたいことがあるんじゃないかと先生は思うのだけれど」といってみた。最近のプレイセラピーでは，縄跳びの跳べないウサギが鞭打たれるのだが，その鞭がすぐに魔法の縄になって上手に跳べるようになる，という展開が起こっていた。魔法の縄の両端はお父さんウサギとお母さんウサギが持っていた。家族担当心理士が「リョウタ君，お母さんはこれまでの1年間，リョウタ君と一緒に暮らしたいなと思ってここに通って先生たちとお話しして，いろいろ考えてきたんだよ。だから，お母さんはリョウタ君の話を聞いてくれると思うよ」と伝えた。

　リョウタは担当心理士とRWの顔を眺めながら，「ぼく，こわかった。足が痛かったし。目も痛かったし，頭も痛かった，手も痛かった」と早口でいった。養母の顔が強張った。「最初からこわかったの？」と訊くと，「最初はやさしかった。途中からこわくなった」と答えた。「いまは？」。「いまはちょっとだけこわい。たたかないならやさしい」。養母は言葉にならない様子だった。

「よくがんばっていえたね。お母さんには本当の気持ち，いいたかったんだよね」というと，リョウタは素早くこくりとうなずいた。
　今度は父親の顔をじっとみつめているリョウタの様子をみた担当心理士は，「リョウタ君，お父さんの病気のことも気になる？」と尋ねた。リョウタはこくんとうなずいた。「お父さんに，聞いてみたら？」と促すと，「もう病院に行かなくていいの？」といった。
　言葉に詰まる両親に，リョウタの担当心理士が「できるだけ本当のことを伝えてあげてください。親が子どもを心配なように，子どもにだって親を心配したい気持ちはありますから」と伝えた。実父はしばし考えていた。そして，自分の病気は簡単には治らないこと，病院にきちんとかかっていれば，死んでしまうことはないこと，病気に負けないように自分はがんばっていることを伝えた。リョウタはうつむいてしまったが，うんうん，と頷（うなず）いた。そばにいた担当RWがそっと背中をなでた。
　突然養母が「本当に死なないの？」と小声でいった。きょとんとした顔をした実父は「何をいってるんだ？」と首をかしげた。FSWが「命に別条はないと思っていいですよね？」と確かめると，実父は「縁起でもない。大丈夫ですよ」と眉をよせた。家族担当心理士が養母と実父の顔を交互に眺めながら「お父さんも亡くされているから，そんなことはないって思っても心配しちゃうんですよね」というと，養母は目を伏せてつぶやいた。「お父さんは42歳で死んでしまったので，何だか男の人はそれくらいで死んでしまう気がするんです。お父さんは多分病気がつらくて自殺したんだと思うんです」。少しの沈黙のあと，実父は「大丈夫だよ。やっかいだけど俺のは命に別状はない病気なんだから。そんなこと考えてたのか」と笑った。FSWが「奥様に何か伝えたいことはありますか」

と尋ねると,「ごめんな,心配かけて」といった。養母は実父をみて,力が抜けたような表情をした。

　家族担当心理士が「いま,したいことはありますか？」と養母に尋ねると,「……リョウタを抱っこしたい」といった。膝のうえにリョウタを抱きかかえて,養母は「ごめんね,ごめんね」と謝った。リョウタは体の力を抜いて目をつぶっていた。

(10) 家族の絆

　その後もしばらく外泊とその後の面接が続けられた。やがて児童相談所と協議をして,年度末の家庭引き取りの算段がとられた。あと数か月あったので,それからは,養母のリクエストで「どうしたら上手にリョウタに勉強を教えられるか」についてあれこれと考えた。リョウタの担当RWと養母が一緒に小学校に行き,学校での様子を訊いたりした。RWや学校の先生にいくつかのコツを教えてもらい,上手にできたとほめられ,養母は自信をつけたようだった。ゆったりしたリョウタのペースにイライラとすることもあったが,そうなったら自分は別の部屋に行って1人で勉強をさせるという方法も編み出した。担当RWがそうしていると教えたようだ。「リョウタ君のマイペースぶりには私たちだって時々困っちゃうんですよ」と笑い合っていた。児童福祉司はリョウタが戻る予定の学校やその地域の児童家庭相談室,民生児童委員などに集まってもらって関係者会議を開き,その後の家族を見守ってもらうように調整をした。児童相談所での面接もしばらく継続されることになった。徐々に外泊の期間を延ばし,長い試験外泊も無事に過ごした。年度末,リョウタは家に帰っていった。施設入所期間は2年間弱,引き取りの際には実父と養母のほかに,再び父方祖母が付き添った。

「リョウタはおばあちゃんが好きなので」と養母はいった。リョウタは名残り惜しそうにしながら，深々と頭を下げる実父と養母の間に挟まれて，バイバイと手を振った。

　〈引用・参考文献〉
(1)　山本知加・尾崎仁美・沼谷直子・藤澤陽子・松原秀子・西澤哲「虐待を受けた子どもの行動チェックリスト（ACBL-R）の標準化の試み」『子どもの虐待とネグレクト』No. 10（1），2008年，124—136頁。
(2)　加藤尚子「児童養護施設における心理療法担当職員による心理的援助と課題」『立教大学コミュニティ福祉学部紀要』7，2005年，1-11頁。
(3)　村瀬嘉代子『子どもと家族への統合的心理療法』金剛出版，2001年。
(4)　増沢高「遊戯療法と守り」『現代のエスプリ　遊戯療法』至文堂，1999年，156-167頁。
(5)　滝川一廣『レジデンシャルケアにおける心理治療——新しい思春期像と精神療法』金剛出版，2004年，219-254頁。

（第1節　加藤尚子・楢原真也，第2節　田附あえか・大塚斉，執筆協力：藤岡孝雄）

索　引

欧　文

ADHD　74
CAP　138
Commitiee for Children（CFC）　95
EMDR　72
FSW（ファミリーソーシャルワーカー）
　　105, 109, 218, 222, 226, 228
GH（グループホーム）　202, 203
hidden agenda　170
OJT（On-the-Job-Training）　12
RW（レジデンシャルワーカー）　iii 参
　　照, 5
　　——中心の課題コンサルテーション
　　　167
　　——中心のケースコンサルテーション
　　　165
TAT（Talking About Touching）　95

あ　行

愛着アプローチ　10
アイデンティティ　82
アクスライン（Axline, V. M.）　72
アセスメント　78, 90, 111, 212
　　家族関係の——　218
アタッチメント（愛着）　72, 73
　　——関係　5, 205
　　——形成　82, 166
　　——の障害　9
　　——障害　74
　　——対象　7
　　——（の促進や）再形成　74
　　——形成　90
　　安全な——　166
　　不安定な——　6
　　脱抑制型の——　74
　　無秩序・無方向型の——　73
　　抑制型の——　74
安心・安全感　6, 72, 73, 79
安全委員会方式　10
安全基地　73
怒りの扱い　95-97
遺尿　182
インスティテュートモデル　16, 17, 23,
　　212
ウィニコット（Winnicot, D. W.）　55
エコマップ　85, 92
絵本　92
援助者集団の仲違いや混乱　211
エンパワメント　102, 214
生い立ちの整理　87
オープンな養子縁組（open adoption）
　　83
「公の」面接形式　26

か　行

外傷体験の再現　73
回避・麻痺性の症状　9
外来型の治療モデル　31
覚醒亢進症状　9
家族再統合　104, 198
家族担当心理士　218, 222, 226-228, 230
家族の年表　218
家族面接　56
家族療法　56
環境療法　101
間主観的　213
感情コントロール　7, 8, 13, 14, 219
感情調整　8
感情や行動における自己コントロールの
　　困難さ　184
キーパーソン　213
「技術」の欠如　160
基本的安心感　6, 7, 17

基本的信頼感 6,7
虐待環境にある子ども 7,8
虐待的な人間関係を再現する傾向 9
虐待により心理的被害 161
虐待を受けた子どもと（の）心理療法 17,21,210
虐待を受けた子どもの行動チェックリスト（ACBL-R） 184
虐待を受けた子どもの心理診断の手引 87
虐待を受けた子の心理的な特徴 192
逆転移 71
　　コンサルテーション関係における―― 170
「客観性」の欠如 160,161
キャプラン（Caplan, G.） 160,163
救済空想 71
共感性の欠如 96
協働支援者 28
グループセラピー 18
グループホーム（GH） 182,201
ケア（や退行的な養育）のプレイ 200,207
顕在的な暴力 10
権利アセスメント 87
行動化 25
広汎性発達障害 74
告知 83
　真実―― 83
個人心理療法 16,18,23,26,27,71
個人的（な）課題 32,33,169,170
固定化した援助観 169
ことばと絵（Words & Pictures） 86
子どもから職員（RW）への暴力 10,11
子ども間（の）暴力 5,9-11,136
子ども虐待（児童虐待） 1章1、および第3章1(1)参照
子ども中心のケースコンサルテーション 164
子どもとの一体化 14

子どもにゆかりのある場所の訪問 92
子どもの権利条約 143
コミュニティアプローチ 16,171
　　――型の支援 32
　　――型の心理臨床活動 16,23
コミュニティ心理学 159
固有の援助観 170
コンサルタント 171
コンサルティ 159
コンサルティ 162
コンサルテーション 16,18,19,21,31,33,54,58,60,63,74,141,158-160,162,163,166-171,212,214
コンサルテーション―コンサルティ関係 213
　　――関係における逆転移 170
　　――のプロセス 169
　　――プロセス 170
　　――を通した心理支援 172
　RW中心の課題―― 167
　RW中心のケース―― 165
　子ども中心のケース―― 164

さ　行

再演 9
再体験 9
再被害 9
ジェノグラム 85,92,105,111,218
自己中心的 8
自己評価の低下 185
「自信」の欠如 160
システム形成型アプローチ 10
施設心理士（心理療法担当職員） はじめに、および1章2、第2章参照,10,14,158,168,178
　　――のモデル 15,169
施設全体の心理支援能力 158
施設内（の）暴力 10,11
施設内虐待 5,145
「施設内で起こる児童間の性的虐待」の予防マニュアル 147

索　引

施設内での暴力の連鎖　10
施設における家族支援　214
施設における心理療法　178, 208
施設における心理臨床活動の特徴　21, 75, 76
施設養育　160
自尊心の低下　96
児童家庭相談室　232
児童間の性的暴力　121-124, 127, 128
児童虐待相談件数　3
児童自立支援施設　15, 126
児童相談所　3, 10, 27, 82, 110
児童養護施設　4, 1章1（2）を参照
「児童養護施設内で起こる児童間の性的虐待への対応」研修プログラム　129
「児童養護施設内で起こる児童間の性的虐待への対応」マニュアル　140
児童養護施設における家族支援　103, 104, 106
児童養護施設における心理療法　71, 177, 208
支配－服従　121, 122, 124
社会的養護　27
写真回想法　91
終結　29, 30
　心理療法の――　80
集団守秘義務　80
集団養育　165, 166
終了しぶり　208
守秘義務　27, 28, 80
象徴的表現　91
情緒障害児短期治療施設　31, 157, 209
情緒的一体感　213
情動調律　75
職員からの暴力　10
職員による子どもへの不適切なかかわり（マルトリートメント）　11
職員のこころのケア　32, 18
職員配置基準　124, 125
真実告知　83
身体的虐待　3, 215

心的外傷（トラウマ）　5, 9, 72
　――体験　6, 32, 166
　養育体験による――　205-207
信頼感　73
　基本的――　6, 7, 17
心理的虐待　3, 205
心理面接のニーズ　26
心理療法の開始　77
心理療法の終結　80
心理臨床家としての成長　50
スーパーバイザー　16, 17, 21, 22, 72
スーパービジョン　18, 21, 22, 29, 63, 162, 211
成育史の振り返り　81
性化行動　123
生活空間見取図　91
生活のなかの安全と安心　10
生活場面での心理援助・支援　30, 31
生活場面面接　59, 99
性教育　138, 139
性的虐待　3
セカンドステップ　60, 94-97, 102, 138, 151
世代間連鎖　3
潜在的な暴力　10
相互物語構成法　91

た　行

退行　205
対人関係の障害問題　96, 184
代替的養育関係　213
多方向の肩入れ　112
力による支配　122, 207
力による養育　210
「知識」の欠如　160
忠誠心の葛藤（loyalty conflict）　84, 91
治療関係　210
治療構造　23, 24, 28, 76, 208, 212
　――への抵抗　208
テリング（telling）　82, 83, 87, 94

投影 192, 211
トラウマ（心的外傷） 72
　──焦点化認知行動療法 72
　──性の記憶 82
　──性のパニック 96
　──体験 73
　慢性的な── 82
ドルト（Dolt, F.） 55

な 行

ナラティブ・エクスポージャー・セラピー 72
2次的外傷 128
乳児院 15
2レベル3種の暴力 10
ネグレクト 3, 9
　──環境 205

は 行

バーンアウト（燃え尽き症候群） 5, 128, 162
万能感 169
被虐待経験を持つ子ども 5, 6, 8, 9, 14, 17
　──の心理（的）被害 6, 12
非支持的な心理療法 72
被措置児童等虐待（等の）防止 11, 12, 145
否定的な自己イメージ 6
秘密厳守と匿名性を強調する養子縁組（closed adoption） 83
ファミリーソーシャルワーカー（FSW） 105, 196, 215
フィールド型の心理臨床活動 16, 17
不適切な養育 205
プレイセラピー 58, 177, 183, 188, 212
　ポストトラウマティック・── 72
プレイルーム 23, 58, 78, 182, 185, 204
母子生活支援施設 15
補助自我法 99
ポストトラウマティック・プレイセラピー 72
ボゾルメニ・ナージ（Boszormenyi-Nagy） 55

ま 行

マルトリートメント（maltreatment；職員による子どもへの不適切なかかわり） 11, 13
　──防止 12
　──防止の研修プログラム 11
　──予防に関する研修パッケージ 147
　施設内での──予防 141
慢性的なトラウマ 82
ムーブメントチャート 92
無力感 121, 122
面接への導入 25, 26
メンタルサポート 19

や 行

夜尿 182
養育 5
　──にまつわる心理的特性 14
　──の特質 160
　子どもの── 13
養育観 167
養育関係 33
養育者 6-8, 13, 14
養育集団 167, 170
養育的体験の不足 9
養育理論の構築 22
欲求不満耐性 9

ら 行

来談形式 24
ライフストーリーブック 85, 86, 88
ライフストーリーワーカー 85, 87
ライフストーリーワーク（life story work） 83-87, 94
リミットテスティング 72, 78, 183, 207, 208

臨床心理士　169
レジデンシャルソーシャルワーク　21, 22, 162

レドゥル（Redl, F.）　99
ロールプレイ　140, 148

■執筆者一覧（＊は編著者，執筆順）

＊加藤尚子（かとうしょうこ）　編著者紹介参照
　　　　　　　―――はじめに，第1章，第4章（第3節），第5章（第1節）

大塚　斉（おおつかひとし）　児童養護施設武蔵野児童学園，臨床心理士，家族心理士
　　　　　　　―――――――――第2章（共著），第5章（第2節共著）

渡邉峰之（わたなべみねゆき）　社会福祉法人福田会広尾フレンズ，児童福祉施設心理職研究会「たんぽぽ」，臨床心理士（第2章執筆協力），第4章（第2節）

助川菜生（すけがわなお）　沖縄県スクールカウンセラー，児童福祉施設心理職研究会「たんぽぽ」，臨床心理士―――――――――――――第2章（共著）

松本綾子（まつもとあやこ）　児童養護施設石神井学園，児童福祉施設心理職研究会「たんぽぽ」，臨床心理士―――――――――――（第2章執筆協力）

茅野大輔（ちのだいすけ）　児童養護施設東京育成園，臨床心理士―（第2章執筆協力）

楢原真也（ならはらしんや）　子どもの虹情報研修センター，地域小規模児童養護施設ひまわりの家，臨床心理士，人間学博士
　　　　　　　―――――第3章（第1節・第2節），第5章（第1節）

木村　秀（きむらまさる）　国際医療福祉大学医療福祉学部医療福祉マネジメント学科助教，児童福祉施設心理職研究会「たんぽぽ」，臨床心理士
　　　　　　　―――――――――――――――――第3章（第3節）

田附あえか（たつきあえか）　筑波大学人間系助教，児童養護施設武蔵野児童学園，臨床心理士，家族心理士　―――第3章（第4節），第5章（第2節共著）

田中　仁（たなかひとし）　児童養護施設西台こども館，児童福祉施設心理職研究会「たんぽぽ」，臨床心理士―――――――――第4章（第1節）

高木理恵（たかぎりえ）　児童養護施設れんげ学園，児童福祉施設心理職研究会「たんぽぽ」，臨床心理士―――――――――――（第4章執筆協力）

藤岡孝雄（ふじおかたかお）　児童養護施設石神井学園，臨床発達心理士―（第5章執筆協力）

〈編著者紹介〉

加藤尚子(かとう・しょうこ)

立教大学文学研究科教育学専攻博士課程前期課程修了,教育学修士
立教大学コミュニティ福祉学研究科博士課程後期課程修了,博士
(コミュニティ福祉学),臨床心理士
現　在　明治大学文学部心理社会学科臨床心理学専攻准教授
主　著　『児童養護施設のセラピスト』(共著),筒井書房,2002年
　　　　『愛着障害と修復的愛着療法──児童虐待への対応』(共訳),ミネルヴァ書房,2005年　ほか

施設心理士という仕事
──児童養護施設と児童虐待への心理的アプローチ──

2012年5月20日　初版第1刷発行	〈検印省略〉
2014年5月20日　初版第2刷発行	

定価はカバーに
表示しています

編著者　　加　藤　尚　子
発行者　　杉　田　啓　三
印刷者　　田　中　雅　博

発行所　株式会社　ミネルヴァ書房
〒607-8494　京都市山科区日ノ岡堤谷町1
電話(代表)　(075)581-5191
振替口座　01020-0-8076

©加藤尚子ほか,2012　　　　創栄図書印刷・藤沢製本

ISBN 978-4-623-06205-8
Printed in Japan

津崎哲郎・橋本和明編著
最前線レポート　児童虐待はいま
──連携システムの構築に向けて
　　　　　　　　　Ａ５判・232頁・本体2,400円

原田綾子著
「虐待大国」アメリカの苦闘
──児童虐待防止への取組みと家族福祉政策
　　　　　　　　　Ａ５判・308頁・本体3,400円

楠　凡之著
いじめと児童虐待の臨床教育学
　　　　　　　　　Ａ５判・208頁・本体2,500円

別冊発達26　子ども虐待へのとりくみ
──子ども虐待対応資料集付
　　　　　　　　　Ｂ５判・228頁・本体2,400円

発達117　「特集　子ども虐待の現状と支援」
　　　　　　　　　Ｂ５判・120頁・本体1,200円

ミネルヴァ書房
http://www.minervashobo.co.jp/